말해야 할 것을 말합니다

을묘사직소
乙卯辭職疏

이전까지,

이처럼 강렬하게
직언을
서슴지 않은
상소는

없었습니다

명종(明宗) 때인 1555년입니다. 척족(戚族) 세력이 날불한당과 같은 정치를 펼치고 있었습니다. 을사사화(乙巳士禍)를 일으켜 유학자들을 여럿 죽이기까지 했습니다. 논밭을 빼앗기고 유랑하는 백성이 농사짓는 백성보다 더 많았습니다.

유학자 조식은 가만히 팔짱을 끼고 묵묵히 입을 다물고만 있을 수 없었습니다. 유학자라면, 말해야 할 것을 말해야 한다고 생각했습니다. 마침 조정에서 조식에게 단성현감 벼슬을 내렸습니다. 이에 조식은 이 단성현감을 사직하는 「을묘사직소」를 올려 당시의 정치에 대해 강력하게 비판합니다. 임금을 어린아이라고 말하고 대왕대비인 문정왕후를 과부라고 말합니다. 척족 세력을 향해서는 '야비한 승냥이 무리'와 같다고 말합니다. 이전까지 이와 같이 직언을 서슴지 않은 상소는 없었습니다.

이후 조선의 유학자들은 이 「을묘사직소」를 통해, 이익보다 의(義)로움을 따라야 한다는 말이 무슨 말인지 알았습니다. 이로써 이 상소는 상소의 전범(典範)으로서 조선 역사에 큰 영향을 미칩니다.

어렴풋한
관념의 언어를

실감나는
현장의 말로
옮깁니다

「을묘사직소」를 읽는 일은 어렵습니다. 한문은 말할 것도 없고 한글 번역문을 읽는 일 또한 쉽지 않습니다. 말은 알쏭달쏭하고 뜻은 어렴풋합니다. 경전이나 역사책에서 가져온 전고(典故 : 옛날의 사실)의 일일 수도 있습니다. 조식이 살았던 당대(當代)의 일일 수도 있습니다. 어떤 사실을 말하는 것인지, 무엇을 주장하는 것인지 알 수 없습니다. 답답하고 막막하기만 합니다.

이 책에서는 「을묘사직소」 원문의 뜻을 가능한 한 자세하게 풀이합니다. 전고의 출전과 유래, 조식 당대의 역사적 사실, 조식의 생애에 대해서도 구체적으로 설명합니다. 번역문의 일부로서 풀이하기도 하고 주(注)를 덧붙여 부연하기도 합니다. 일반적인 축어(逐語) 번역과는 꽤 다릅니다. 굳이 이름붙이자면 '주해(註解) 번역'이라 할 만합니다. 이로써 막연한 추상의 언어를 실감나는 현장의 말로 옮겨 놓습니다. 흐릿한 짐작을 분명한 이해로 옮겨 놓습니다.

무엇보다도, 사전 지식 없는 일반 독자도 쉽게 이해할 수 있도록 풀이합니다.

목
차

—

⊙ 읽기 어려운 「을묘사직소」 주해(注解)하여 풀이하기   008

사전 지식 없이도 누구나 쉽게 이해할 수 있습니다!
주해(注解) 번역 을묘사직소

一   어깨 위에 큰 산을 올려놓은 것처럼 두려워합니다   018

二   벼슬에 나아가고 물러나는 출처(出處)는 신중해야 합니다   023

三   신은 물 뿌리고 비질하는 쇄소(灑掃)의 일도 제대로 해내지 못합니다   030

四   헛이름을 바치고 벼슬을 받는 일은 매관(買官)보다 못합니다   041

五   거센 회오리바람이 언제 불어올지 알 수 없습니다   047

六   전하는 임금의 책무를 알지 못하는 어린아이일 뿐입니다   053

七   냇물이 끊기고 낟알 비가 내리는 일은 그 조짐이 무엇이겠습니까?   060

⑧ 전라도 남해안에서 일어난 달량포왜변은 갑작스러운 변고가 아닙니다 068

⑨ 우리는 세종대왕 때 대마도를 정벌했던 나라입니다 074

⑩ 전하가 좋아하여 따르고자 하는 일은 도대체 무엇입니까? 079

⑪ 삼감(敬)으로써 분연히 떨쳐 일어나 학문에 힘을 쏟아야 합니다 085

⑫ 딛고 설 발판이 없으므로 우리 유가에서는 불가를 배우지 않습니다 095

⑬ 자신을 닦는 것으로, 현명한 인재를 뽑아야 나라를 다스릴 수 있습니다 099

⑭ 절박한 마음으로, 죽을죄를 범하며 아룁니다 105

일반적인 관행에 따라 풀이합니다!
축어(逐語) 번역 을묘사직소

읽기 어려운 「을묘사직소」
주해(注解)하여 풀이하기

조식의 「을묘사직소」는 어떤 상소일까요? 이러한 질문에 대한 답을 얻는 가장 좋은 방법은 상소문을 읽는 것입니다. 그러나 이 상소문을 읽는 일은 쉽지 않습니다. 여러 편의 한글 번역문이 나와 있지만, 이 번역문조차 읽기 어렵습니다.

한문으로 쓰인 글은 많은 전고(典故)를 포함합니다. 전고란 경전이나 역사책에 나오는 사건과 인물, 과거의 제도나 관습 등을 말합니다. 전해 오는 성현의 말씀이나 옛날의 사실 이야기를 근거로 삼아 현재의 일을 말하고 자신의 뜻을 펼치고자 한 것입니다. 그런데 엄격한 관행을 따르는 상소문은 좀 더 많은 전고를 사용합니다. 상소문은 임금에게 아뢰는 글입니다. 진실하고 명쾌하며, 간절한 정성을 담고 있어야 합니다. 조금이라도 사실과 다른 부분은 있을 수 없습니다. 그러므로 책 읽기의 경험을 통해 쌓은, 옛날 사실에 대한 폭넓은 식견을 바탕으로 작성되어야 합니다. 이로써 사태의 본질을 꿰뚫고 문제의 핵심을 짚어내야 합니다.

전고(典故)를
알지 못하면
기본적인 문맥조차
파악하기 힘듭니다

더욱이 조식의 「을묘사직소」는 당대 조정의 정치를 신랄하게 비판하는 상소입니다. 임금을 임금이 아니라고 말하고 벼슬아치들을

'야비한 승냥이 무리'와도 같다고 말합니다. 조식 스스로 이 상소를 올리며 자신의 목숨을 걸었을 것입니다. 그렇지만 또한 살아남아야 한다고 생각했을 것입니다. 죽음을 당하더라도 전고 사용과 같은 작은 실수 때문에 의미없이 허무하게 죽을 수는 없다고 생각했을 것입니다. 그래서 한 구절 한 구절 전고를 통해 말하지 않는 것이 없습니다.

이런 까닭에 전고의 의미를 알지 못하면 「을묘사직소」의 기본적인 문맥조차 파악하기 힘듭니다. 그러나 「을묘사직소」를 읽는 일의 어려움은 단지 전고 때문만은 아닙니다. 글과 말로 표현하는 일을 달갑게 여기지 않았던 조식의 태도가 어려움을 가중시킵니다.

조식은 말로 표현하는 일을 좋아하지 않았습니다. 조식은 "말은 간략한 것을 귀하게 여긴다 (言以簡爲貴)"고 생각했습니다. 학자에게 무엇보다도 중요한 것은 스스로 이치를 터득하여 몸으로 실천하는 일입니다. 일상적인 현실의 일을 버리고 높은 이론을 입으로만 말하는 구상지리(口上之理)의 학문은 껍데기일 뿐입니다. 당연히 조식은 글을 쓰는 일도 마뜩찮게 여겼습니다. 주희(朱熹)와 같은 위대한 학자들이 유학의 이념을 밝힌 송나라 시대 이후로는, 굳이 "글을 쓸 필요가 없다 (不必著書)"고까지 말할 정도였습니다. 조식 자신, 번잡한 것을 간추려 간략한 데로 나아가는 염번취간(斂繁就簡)을 학문하는 방법으로 삼았습니다. 제자들을 가르칠 때는 제자들이 스스로 생각할 수 있도록 꼭 필요한 실마리만을 알려 주었습니다. 또 상대방의 기질이나 성향, 학문 수준에 따라 같은 내용도 다른 표현 방법으로 말했습니다.

이와 같은 표현 방식은 「을묘사직소」라고 해서 다르지 않습니다. 꼭 필요한 핵심 사항만을 말합니다. 조식은, 명종(明宗)이 이 말들을 실마리로 삼아 스스로 터득하기를 진심으로 기대했던 것입니다. 권력을 독점한 조정의 척족(戚族)들이 이 말들의 절실함을 따져본 후 스스로 수치스러워하기를 원했던 것입니다.

현재의 우리가 이해할 수 있도록, 가능한 한 자세하게 풀이합니다

한 글자라도 허투루 쓴 글자가 없는 것이 「을묘사직소」입니다. 게다가 500년 전의 조선은 지금과 시대가 다르고 문화가 달랐습니다. 500년 전의 조선 사람들은 지금의 우리와는 전혀 다른 눈으로 세상을 보고 전혀 다른 방식으로 생각했습니다. 이에 이 책에서는 현재의 독자가 「을묘사직소」를 이해할 수 있도록, 한 글자 한 글자 가능한 한 자세하게 풀이하고자 합니다.

전고의 경우, 어떤 상황에서 이 전고가 만들어졌는지 전고의 출전과 유래에 대해 구체적으로 설명합니다. 전고는 500년 전의 유학자들이라면 대부분 이미 알고 있어 굳이 길게 말할 필요가 없는 것이었습니다. 그러나 현재의 우리에게는 별 다른 사전 지식이 없다면 도저히 알 수 없는, 생소하기만 한 것입니다. 이 책의 의도는 이러한 생소함을 가능한 한 줄이는 것입니다. 그러므로 해당 전고의 출전은 물론, 때에 따라서는 원문의 일부까지 인용하여 소개합니다. 전고가 만들어진 이후 이 전고가 어떤 의미로 쓰였는지도 부연합니다. 그리고 간략하게 말하는 일을 귀하게 여기는 조식이 간추려 말하고자 하는 바가 무엇인지도 밝힙니다.

'명신(明新)'이라는 말을 예로 들면 다음과 같습니다. 기존의 번역자들은 이 말을 보통 "덕(德)을 밝히고 백성을 새롭게 한다"는 뜻으로 풀이합니다. 그런데 원문은 물론 번역문을 보아도, 현재의 우리는 이것이 무슨 말인지 갈피를 잡기 힘듭니다. 우선 '덕을 밝힌다'는 말부터 목에 탁 걸립니다. 덕이 하늘의 덕인지 땅의 덕인지, 임금의 덕인지 백성의 덕인지, 아니면 또 다른 무슨 덕인지 어렴풋하기만 합니다. 이것을 또 '밝힌다'고 말하는 것을 보면 등불과 비슷한 것인가 싶기도 합니다. 사실 '명신(明新)'은 『대학(大學)』의 첫 문장을 줄여서 말한 것입니다. 이 말은 곧 "대학의 도는(大學之道) 밝은 덕을 밝히는 데 있고(在明明德) 백성을 새롭게 하는 데 있고(在新民) 지극한 선에 멈추는 데 있다(在止於至善)"는 뜻입니다. 이 문장은 흔히 유학의 근본 이념을 나타내는 '유학의 삼강령(三綱領)'으로 여겨집니다. 그리고 여기서 '밝은 덕'이란 사람이면 누구나 가지고 있는 선(善)한 본성을 말합니다. '명신'이라는 말, "덕을 밝히고 백성을 새롭게 한다"는 말은 곧 유학이 기획하는 이상적인 정치를 실현한다는 뜻입니다.

그런데 기존의 번역자들은 "덕을 밝히고 백성을 새롭게 한다"고만 풀이할 뿐 더 이상의 정보는 제공해 주지 않습니다. 각주도 달아주지 않습니다. 그렇지만 현재의 우리는 한문학자가 아닌 이상 이 말의 출전이 『대학』이라는 사실조차 알기 힘듭니다. 이번 책에서 이 전고의 출전, 이 전고의 원문과 기본적인 의미, 이 전고를 통해 조식이 말하고자 했던 바에 대해서까지 세세하게 풀어준다는 것은 이런 이유에서입니다.

당대의 시사(時事)에 대해서도 부연합니다. 또한 500년 전 유학자들이라면 분명하게 알고 있었으나 현재의 우리는 알기 힘든 것입니다. 「을묘사직소」에 나오는 정치적 사건, 사회적 상황 등의 원인이나 배경을 찾아보고 조식이 이 일을 어떤 맥락에서 언급하는 것인지도 살펴봅니다.

가령 '변비유사(邊鄙有事)'라는 말을 예로 들면 다음과 같습니다. 기존의 번역자들은 이 말을 보통 "변방에 일이 있다"는 뜻으로 풀이합니다. 그러나 더 이상의 내용은 알려 주지 않습니다. 이 일은 1555년 5월 일어난 달량포왜변(達梁浦倭變)을 말하는 것입니다. 이 왜변은 적어도 6천 명 이상의 왜구가 전라도 남해안 일대의 4-5개 군현을 무려 20여 일 동안 휩쓸고 다닌, 전쟁과도 다를 바 없는 사건이었습니다. "변방에 일이 있다"고만 하면 현재의 우리는 무슨 일을 말하는 것인지 막연하기만 합니다. 변방이 북쪽인지 남쪽인지, 발생한 일이 외적의 침입인지 자연재해인지 짐작하기 힘듭니다. 이에 이번 책에서는 이러한 내용에 대해 좀더 구체적으로 풀이합니다. 이 내용을 알면 조식의 마음이 얼마나 급박했던 것인지도 이해할 수 있을 것이기 때문입니다.

상세하면서도 정확한 풀이를 위해, 「을묘사직소」의 한 구절 한 구절을 다양한 자료와 견주어 봅니다. 유가의 경전인 『논어』, 『맹자』, 『중용』, 『대학』, 『주역(周易)』, 『서경(書經)』 등을 두루 뒤적거립니다. 조식이 본받고자 했던 한유(韓愈), 유종원(柳宗元), 정명도(程明道), 정이천(程伊川), 주희(朱熹) 등의 글을 훑어봅니다. 또 『남명집』, 『학기유편(學記類編)』 등을 통해 조식의 말과 표현을 가늠합니다. 500년 전 조선의 시사를 확인하기 위해 『조선왕조실록』과 당대의 문헌을 펼쳐 봅니다.

높고 굳센 조식의 기상을 실감나게 전달하고자 합니다

이 책은 조식의 「을묘사직소」를 번역한 것입니다. 그러나 일반적인 번역서라 하기에는 지나친 점이 있습니다. 번역서가 아니라고 해도 무방할 정도입니다. 이 책은 구구절절 소상하게 풀이합니다.

풀이하고 또 풀이합니다. 때로는 원문과는 무관한 것처럼 보이는 내용까지 말합니다. 당연히 이와 같은 번역은 위험합니다. 조식이 「을묘사직소」를 통해 말하고자 했던 바를 왜곡할 수도 있고 터무니없는 오류를 낳을 수도 있습니다. 의도와는 다르게 한도 끝도 없이 지루하고 장황해질 수도 있습니다. 그러나 현재의 독자를 위해 이런 위험은 감수할 만하다고 생각했습니다.

말할 것도 없이, 「을묘사직소」는 이미 훌륭한 번역문이 있습니다. 풍부한 경험을 갖춘 최고의 번역자들이 정확한 어법에 따라 번역한 것들입니다. 오류도 아주 적고 왜곡도 거의 없습니다. 그러나 현재의 독자들에게 이러한 번역문은 무미건조하고 생기가 없는 것처럼 느껴집니다. 어려운 용어를 써서 뭔가 그럴듯한 말을 하는 것 같은데 이해하기는 힘듭니다. 비유하자면 미국의 웃음엣말을 영한사전의 단어로 정확하게 번역해 읽는 느낌입니다. 생생한 현장의 목소리가 고지식한 관념의 언어로 다가옵니다. 온몸으로 부딪히는 사유의 말이 흐릿한 추상의 논변으로 느껴집니다.

「을묘사직소」는 땅에 발을 딛고 앞으로 나아가고자 한 유학자 조식의 치열한 학문 정신을 담고 있습니다. 백성의 고통을 생각하며 통곡하던 선비 조식의 애탄 절규를 담고 있습니다. 천 길 낭떠러지(壁立千仞)와도 같은 대장부 조식의 굳센 기상을 보여줍니다. 이 책은 다만―, 이와 같은 조식의 모습을 현재의 독자들에게도 생동감있게 전달하고자 합니다.

2023년 2월 22일, 「을묘사직소」를 주해하여 옮기며
이상영이 씁니다. ―――――

일러두기

◉ 「을묘사직소」 전문을 14개의 절로 구분하여 풀이합니다. 이는 독자의 이해를 돕기 위한 것으로 주해하여 옮긴 이가 구분한 것입니다.

◉ 「을묘사직소」 원문은 경상국립대학교가 소장하고 있는 병오본(丙午本 : 1606년)을 바탕으로 하였습니다. 그리고 『한국문집총간』의 기유본 (己酉本 : 1609년), 남명학연구소 『남명집(南冥集 : 2001년)』의 교감본 을 참조했습니다.

◉ 동일한 원문을 주해(注解) 번역과 축어(逐語) 번역의 두 가지 형식으로 번역해 소개합니다. 주해 번역문에는 조식이 분명하게 말한 내용은 아니 지만, 옮긴 이가 조식이 말한 것처럼 추가하여 풀이한 부분이 있습니다. 이는 한문 번역의 일반적인 관행을 벗어나는 것입니다. 그러나 축어 번 역문에서는 기존의 한문 번역 관행을 대체로 따릅니다.

◉ 번역문에서 이름, 자(字), 호(號) 등은 원칙적으로 이름만 씁니다. 다만 이름보다 자나 호가 독자에게 더 익숙하다고 여겨질 경우에는 자나 호를 쓰기도 합니다. 지명(地名)은 원칙적으로 화제가 다루어지는 시대(조선 시대)를 기준으로 씁니다. 이때 각주를 통해 해당 지명이 가리키는 곳을, 현재의 지명을 바탕으로 설명합니다.

◉ 책 제목, 글 제목 등을 비롯한 한문 어구(語句)는 종종 한글로 풀어서 씁 니다. 이 때 한문 어구는 괄호 안에 넣어서 밝혀 줍니다. 따라서 괄호 안 의 한문 독음이 괄호 밖의 풀어 쓴 말과 다를 경우가 있습니다.

사전 지식
없이도
누구나 쉽게
이해할 수 있습니다!

주해(注解) 번역
을묘사직소

宣務郎新授
丹城縣監臣曺植
誠惶誠恐
頓首頓首
上疏于主上殿下

伏念
先王不知臣之無似
始除爲參奉
及殿下嗣服
除爲主簿者再

今者又除爲縣監
慄慄危懼
如負丘山
猶不敢一就
黃琮一尺之地
以謝天日之恩者

어깨 위에
큰 산을
올려놓은
것처럼
두려워합니다

새로 단성현감(丹城縣監)❶을 제수받은 조식입니다. 단성현감은 종육품 품계의 선무랑(宣務郎) 관직이니 주상전하의 뜻을 널리 펼쳐야 하는 막중한 책무를 가지고 있습니다.❷ 신은 진실로 두려운 마음에 어찌할 바를 모르며 머리를 조아립니다.❸ 그리고 주상전하께 상소를 올립니다.

❶ **단성현(丹城縣)** : 이 상소를 올렸던 1555년 무렵 조식은 경상도 삼가현(三嘉縣)에 살았다. 단성현은 바로 이 삼가현의 서쪽에 자리잡은 고을이었다. 지리적으로 인접해 있을 뿐만 아니라 많은 벗과 문인들, 친인척들이 살고 있어 조식에게는 매우 친숙한 곳이었다. 삼가현은 현재의 합천군 가회면·대병면·삼가면·쌍백면·봉산면 일부·용주면 일부, 거창군 신원면 등을 포함했고, 단성현은 현재의 산청군 생비량면·신안면·신등면·단성면 일부·차황면 일부에 걸쳐 있었다.
❷ **선무랑(宣務郎)**은 조선시대의 벼슬아치들 중 종육품(從六品) 품계의 문관 하계(下階)에 부여하던 품계 이름이다. 이 품계부터 임금에게 정무를 보고하는 상참(常參)에 참석할 수 있었고 지방의 수령으로도 부임할 수 있었다.
❸ **성황성공돈수돈수(誠惶誠恐頓首頓首)**를 풀이한 것이다. 이 말은 상소문과 같이 신하가 임금에게 올리는 글에서 관용적으로(套式) 쓰던 것이다. 흔히 상소문의 서두에 쓰지만 말미에 쓰는 경우도 있다.

엎드려 지난 일을 돌이켜 생각해봅니다. 오래 전에 선왕(先王 : 중종)께서는 신에게 벼슬을 제수한 적이 있었습니다. 경자년(1540년)에 성균관대사성 이언적(李彦迪)❹과 병조참지(兵曹參知) 이림(李霖)❺이 유일(儒逸)이라 하여 신을 천거했습니다.❻ 신을, 벼슬에 나아가지 않고 초야에 묻혀 있으나 학문과 덕행으로 명망이 높은 선비로 보았던 것입니다. 이에 선왕께서는 신을 헌릉참봉(獻陵參奉)❼으로 삼았습니다. 그러나 이는 신의 학문과 덕행이 실제로는 보잘것없다는 사실을 알지 못했기 때문입니다.

❹ **이언적(李彦迪)** 1491-1553 : 중종, 명종 때의 유학자이다. 주희(朱熹)의 성리학 이론을 바탕으로 기(氣)보다 이(理)를 중시했으며 이로써 이황(李滉)에게 영향을 미쳤다. 관료로서 성균관대사성, 홍문관직제학, 형조판서, 좌찬성, 경상도관찰사 등을 지냈다. 1545년 을사사화(乙巳士禍) 때 사림과 권력층 사이에서 억울한 사림의 희생을 막으려고 노력했다. 1547년 양재역벽서사건(良才驛壁書事件)에 연루되어 귀양 갔다. 본관은 여강(驪江), 자는 복고(復古), 호는 회재(晦齋)·자계옹(紫溪翁)이다.

❺ **이림(李霖)** 1501-1546 : 중종, 인종 때의 관료로서 김해부사, 대사간, 병조참의 등을 지냈다. 성격이 강직하고 효성이 지극하며 신실한 인물로 이름이 났다. 조식의 벗으로 조식에게 『심경(心經)』을 보내준 일이 있으며, 조식이 '어질고 공경할 줄 아는 사람'이라고 평했다. 1545년의 을사사화 때 윤원형 일파의 모함을 받아 유배되었다가 1546년 사사당했다. 본관은 함안(咸安), 자는 중망(仲望)이다.

❻ 조식의 헌릉참봉 제수 시기와 관련해서는 각각 다른 기록이 있다. 『중종실록(中宗實錄)』중종35년(1540년) 7월 16일 기사에는 병조참지 이림과 성균관대사성 이언적이 조식을 천거했다는 기록이 있다. 『남명연보(南冥年譜)』에는 1538년, 조식이 38세일 때 이언적과 이림이 조식을 천거했다는 기록이 있다.

❼ 헌릉(獻陵)은 태종의 능이고 헌릉참봉(獻陵參奉)이 이 왕릉을 관리하는 종구품 관직을 말한다.

전하 또한 왕위를 이어받은 이후 신에게 벼슬을 내렸습니다. 임자년(1552년)에 경상도관찰사 이몽량(李夢亮)❽이 이렇게 신을 천거했습니다. "곧고 바르며 청렴하고 결백한 사람이다. 형제와 함께 살면서 자기의 재물을 사사로이 축적하지 않았으며, 집에 곡식 한 섬이 없어도 항상 태연하게 지냈다. 학문에 뜻을 두고 공부할 뿐 과거 공부에는 매달리지 않았으며, 부모의 상을 당해서는 3년 동안 삼베옷을 벗지 않았다."❾ 이는 또한 신의 학문과 덕행에 대해 알지 못했기 때문입니다. 그런데 전하께서는 이와 같은 천거의 말을 믿고 신을 전생서주부(典牲署主簿)❿로 삼았습니다. 이뿐만이 아닙니다. 재작년(1553년)에는 신을 또 예빈시주부(禮賓寺主簿)로 전배했습니다.⓫

전하께서는 이미 두 번씩이나 신을 주부(主簿)로 삼고자 했던 것입니다.❷

❽ **이몽량(李夢亮)** 1499-1564 : 명종 때 대사간, 경상도관찰사, 대사헌, 형조판서, 한성부판윤, 우참찬 등을 지냈다. 학문에 입각한 도학 정치를 제창했다. 본관은 경주(慶州). 자는 응명(應明)이다.

❾ 『명종실록』명종7년(1552년) 3월 9일 기사에 경상도관찰사 이몽량이 이와 같이 조식을 천거했다는 기록이 보인다. "— (曹植 方正廉潔 兄弟同居 不私己物 有志學問 不事科擧 父母喪三年 身不脫衰絰 家無甔石 常晏如也)" 명종은 같은 해 10월 조식을 전생서주부(典牲署主簿)에 제수했다.

❿ 전생서(典牲署)는 제사에 쓸 짐승을 기르는 일을 맡아보던 관서이다. 주부(主簿)는 문서 관리를 담당하는 종육품 관직이다.

⓫ 전배는 벼슬을 바꾸어 제수한다는 뜻이다. 이 때 명종이 조식을 곧바로 예빈시주부로 제수한 것은 아니다. 『명종실록』명종8년(1553년) 윤3월 기사에는, 조식을 예빈시주부로 제수하기 며칠 전에 사도시주부(司䆃寺主簿)로 먼저 제수했다는 기록이 보인다. 예빈시(禮賓寺)는 궁중 연회, 종실과 재상을 위한 식품 공급을 맡아보던 관서이고, 사도시(司䆃寺)는 쌀·간장·겨자 따위를 궁중에 조달하는 일을 맡아보던 관서이다.

⓬ 조식을 주부로 제수한 일과 관련해서는 『명종실록』과 다른 기록도 있다. 『남명연보』에는 1548년 조식이 48세일 때 이조(吏曹)의 추천으로 전생서주부를 제수받았으나 나아가지 않았다는 기록과 1551년 조식이 51세일 때 종부시주부(宗簿寺主簿)를 제수받았으나 나아가지 않았다는 기록이 있다. 종부시는 왕실의 계보를 편집하고 종실의 잘못을 조사하는 관서이다. 조식의 제자 정인홍(鄭仁弘)이 쓴 「남명선생행장(南冥先生行狀)」(『남명집』)에는, 전생서주부와 종부시주부를 제수받고 또 단성현감을 제수받았다는 기록은 보이지만 예빈시주부를 제수받았다는 기록은 보이지 않는다.

그런데 지금 또 다시 신을 단성현감에 제수했습니다. 『서경(書經)』⓭에 "부들부들 떨면서 두려워하기를, 막 깊은 연못에 빠질 것처럼 한다"고 했으니 신을 두고 한 말일 듯합니다.⓮ 신은 지금 마치 어깨에 큰 언덕이나 산을 짊어지기라도 한 것

처럼 마음이 무겁기만 합니다. 이런 까닭에 감히 세상의 중심
으로서 '황색 옥(黃琮)이 한 자 넓이의 자리를 차지하고 있는
대궐'❶로 나아가지 못하고 있습니다. 전하께 나아가 사은숙배
❶를 올려야 마땅할 일이나 신은 이렇게 하지 못하고 있다는
말입니다. 날마다 내리쬐는 전하의 은혜를 저버리는 꼴이니
어찌할 바를 모르겠습니다.

❸ 『서경(書經)』: 유가의 오경(五經) 중 하나이다. 유가에서 가장 이상적
인 왕으로 높이는 요(堯)임금, 순(舜)임금, 우왕(禹王), 탕왕(湯王), 문
왕(文王)·무왕(武王) 등의 수제치평(修齊治平)을 담고 있다. 수제치
평은 몸을 닦고 집안을 화평하게 하고 그 덕을 펼쳐서 나라를 다스려
세상을 평안하게 만드는 일을 말한다. 곧 이상적인 정치의 원리를 밝
혀 놓은 책으로 여겨져 왔다.
❹ 율율위구(慄慄危懼)를 풀이한 것이다. 『서경』 「탕고(湯誥)」편에 은
(殷)나라의 탕왕(湯王)이 폭군 걸왕(桀王)을 치기 전 자신의 두려움을
말하는 내용이 나온다. "짐은 하늘과 땅에 큰 죄를 지을지 알지 못한
다. 이에 덜덜 떨면서 두려워하기를, 마치 막 깊은 연못에 빠질 것처럼
한다. (玆朕 未知獲戾于上下 慄慄危懼 若將隕于深淵)"
❺ 황종일척지지(黃琮一尺之地)를 풀이한 것이다. 황종(黃琮)은 황색 옥
으로 만든, 가운데 동그란 구멍이 있는 팔각형 모양의 예기(禮器)를 말
한다. 흔히 임금이 있는 대궐을 상징한다. 『주례(周禮)』 「춘관대종백
(春官大宗伯)」에 다음과 같은 말이 나온다. "벽색 옥그릇으로는 하늘
에 예를 올리고 황색 옥그릇으로는 땅에 예를 올린다. (以蒼璧禮天 以
黃琮禮地)" 참고로 오행 사상에서 황색은 중앙을 가리킨다.
❻ 사은숙배(謝恩肅拜)는 관직을 제수받은 자가 임금 앞에 나아가 몸을
숙여 네 번 절하며 임금의 은혜에 감사함을 표시하는 일을 말한다.

以爲人主之取人
猶匠之取木
深山大澤
靡有遺材
以成大廈之功

大匠取之
而木不自與焉
殿下之取人者
有土之責也
臣不任爲慮

用是不敢私其大恩
而躑躅難進之意
則終不敢不達
於側席之下矣

抑臣難進之意
則有二焉

벼슬에
나아가고
물러나는
출처(出處)는
신중해야
합니다

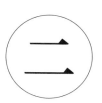

임금이 인재를 취하는 일은 우두머리 목수가 나무를 취하는 것과 같습니다. 높은 산 너머와 깊은 물 건너의 어느 곳이든 좋은 나무가 버려지지 않고 웅장한 집을 짓는 데 쓰이는 것은 우두머리 목수가 좋은 나무를 취해서 쓰기 때문입니다. 임금이 인재를 취하는 일도 다르지 않습니다.

당(唐)나라 유학자 한유(韓愈)❶는 우두머리 목수가 나무를 쓰는 일에 대해 이렇게 말한 적이 있습니다. "굵은 나무를 대들보로 쓰고 가느다란 나무를 서까래로 쓰는 일은 목수가 해야 하는 일이다. 기둥 위와 아래에 쓸 나무를 찾고 문지방과 문설주와 문짝에 쓸 나무를 고르는 일도 마찬가지이다. 목수는 이와 같이 나무를 취하여 방을 이루고 집을 이룬다."❷ 한유는 우두머리 목수가 나무 고르는 일을 들어 임금이 인재 구하는 일에 대해 말한 것입니다. 그러나 우두머리 목수가 직접 먼 곳까지 찾아가 좋은 나무를 취해 오는 것은 아닙니다. 당나라의 문인 유종원(柳宗元)❸은 우두머리 목수의 일에 대해 이렇게 말합니다. "그는 톱과 도끼와 같이 자르고 쪼개는 공구는 가지고 있지 않았다. 어떤 사람이 그에게 무엇을 잘하느냐고 묻자 그는 〝나는 재목을 잘 헤아린다〞고 대답했다. 자신이 둥글고 네모나고 짧고 긴 재목을 어떻게 쓸지 잘 판단한다는 것이었다."❹ 또한 목재 헤아리는 일을 가지고 임금이 인재 쓰는 일을 비유하여 말한 것입니다.

❶ 한유(韓愈) 768-824 : 당나라의 유학자이다. 도가와 불교 사상을 비판하면서 인의(仁義)의 도덕을 강조했다. 이로써 이후 전성기를 맞이할 송나라 시대 성리학의 선구자 역할을 했다. 또한 문인으로서 고문(古文) 운동을 제창했다. 당송팔대가(唐宋八大家) 중 첫 번째 자리를 차지하는 인물이다. 대신으로서 황제에게 직언을 한 일로도 이름이 높

다. 독실한 불교 신자인 황제에게 "불교를 믿는 왕조는 오래가지 못했다"는 내용의 글을 올린 것이다. 자는 퇴지(退之), 호는 창려(昌黎)이다. 시문집으로 『창려선생집(昌黎先生集)』이 있다.

❷ 한유의 「진학해(進學解 : 학문에 나아가는 일에 대한 해명)」에 이와 같은 말이 나온다. "— (夫大木爲杗 細木爲桷 欂櫨侏儒 椳闑扂楔 各得其宜 以成室屋者 匠氏之功也)" 이 글은 『고문진보(古文眞寶)』에 실려 있는데 『고문진보』는 조식이 제자들에게 읽기를 장려한 책 중 하나이다.

❸ 유종원(柳宗元) 773-819 : 당나라의 문인이다. 당송팔대가(唐宋八大家) 중 한 사람이다. 아름다움을 강조하는 변려체(騈儷體) 문학에 반대하여 단순명쾌한 고문(古文) 부흥 운동을 제창했다. 합리주의를 기반으로 한 논설과 자연 묘사에 뛰어난 시로 유명하다. 자는 자후(子厚)이다. 조식은 젊은 시절 고문을 배워 대단한 문장을 남기려는 포부를 가지고 있었는데, 특히 유종원의 고문을 본받고자 애썼다.

❹ 유종원의 「재인전(梓人傳)」에 다음과 같은 말이 나온다. "그의 일은 짧은 자와 긴 자로 길이를 재고 그림쇠(지름을 재는 도구)와 곱자(기역자자)로 도형을 그리고 먹줄로 줄을 긋는 것이다. 그의 집에는 톱과 도끼와 같이 자르고 쪼개는 공구는 없었다. 어떤 사람이 그에게 무엇을 잘하느냐고 묻자 그는 이렇게 대답했다. ˹나는 재목을 잘 헤아린다. 지을 집의 마룻대와 추녀 끝 규격을 보고, 둥글고 네모나고 짧고 긴 재목을 얼마나 어떻게 쓸지 잘 판단한다. 내가 지휘하여 부리면 여러 공인들이 부림을 당한다. 내가 없으면 여러 공인이 있어도 하나의 추녀 끝으로도 나아갈 수 없다.˼ 곧 자신이 없으면 한 채의 집도 지을 수 없다는 말이었다. (所職 尋引規矩繩墨 家不居鑿斲之器 問其能 曰吾善度材 視棟宇之制 高深圓方短長之宜 吾指使而群工役焉 捨我衆莫能就一宇)" 이 글은 『고문진보』에 실려 있다.

그리고 이 나무를 쓰는 일은 나무가 스스로 앞으로 나와 왈가하다 왈부하다 간섭할 수 없습니다. 『대학(大學)』❺에 "사람이 있으면 땅이 있다"❻는 말이 있습니다. 전하께서는 땅을 가지고 있으니 곧 나라를 가지고 있다는 것입니다. 전하께서 인재를 쓰는 일은 나라를 가진 임금으로서의 책임 때문입니다. 그리고 이 책임은 신이 위임받아 걱정할 수 있는 일이 아닙니다. 신이 감히 전하의 큰 은덕을 사사롭게 가지지 못하는 것은 이런 까닭에서입니다.

❺ 『대학(大學)』: 유가의 이념을 집약하여 보여주는 책이다. 곧 자신을 닦고 이로써 사람들을 편안하게 하는 수기치인(修己治人)의 말을 담고 있다. 원래 『예기(禮記)』 가운데 한 편이었다. 성리학을 집대성한 주희(朱熹)가 『대학장구(大學章句)』라는 제목으로 새로 주해한 후 사서(四書)의 하나로 삼았다. 이후 모든 유학자의 필독서로 여겨졌다. 조식 또한 이 책을 '여러 경전의 벼릿줄과도 같은 책(群經之綱統)'이라고 말하며 중요하게 생각했다.
❻ 『대학』「전십장(傳十章)」에 다음과 같은 말이 나온다. "덕이 있으면 사람이 있고 사람이 있으면 땅이 있고 땅이 있으면 재물이 있고 재물이 있으면 용도가 있다. (有德此有人 有人此有土 有土此有財 有財此有用)"

그러나 선비가 벼슬에 나아가고 물러나는 출처(出處)는 신중하게 생각하지 않을 수 없는 일입니다. 『예기(禮記)』❼에서는 출처에 대해 이렇게 말합니다. "임금을 섬길 때 나아가기를 어렵게 여기고 물러나기를 쉽게 한다면 지위에 질서가 잡힐 것이다. 나아가기를 쉽게 여기고 물러나기를 어렵게 여긴다면 문란해질 것이다."❽ 또 이렇게 말합니다. "임금을 섬기는 자는 충분히 고려해 본 후에 조정에 들어가는 것이지 들어간 후에 고려하는 것이 아니다."❾ 또한 『주역(周易)』❿에는 "아무리 핼쑥한 돼지라도 언제든 제멋대로 날뛰어 보려는 심보를 가지고 있다"⓫는 말이 나옵니다. 아첨하는 소인배들이 추악한 돼지와도 같이 올바르지 못한 마음으로 군자를 해치려 한다는 말입니다.⓬ 이와 같은 상황이라면 더욱 나아가기를 어렵게 여겨야 하는 것입니다.

❼ 『예기(禮記)』: 이상적인 유학자가 지켜야 할 각종 예법을 규정하고 있다. 상황에 따라 '할 수 있는 일'과 '할 수 없는 일'이 무엇인지와 함께, 예의 근본 정신을 말한다. "부모님이 살아 있을 때는 늙었다는 표현을 하지 않는다 (父母在 不稱老)"는 말이 나온다. 유가의 오경(五經) 중 하나이다.

❽ 『예기』「표기(表記)」편에 이와 같은 말이 나온다. "— (事君難進而易退 則位有序 易進而難退 則亂也)"「표기(表記)」편에는 이 말에 이어 "군자는 나아갈 때는 세 번 사양하여 예를 갖춘 다음에 나아가고 물러날 때는 한 번 사양하고 곧바로 물러난다 (君子三揖而進 一辭而退)"는 말이 나온다. 세 번 사양한다는 것은 그만큼 어렵게 나아간다는 뜻이고, 한 번 사양한다는 것은 미련없이 물러난다는 뜻이다.

❾ 『학기유편(學記類編)』「출처(出處)」편에 이와 같은 말이 나온다. "— (事君者 量而後入 不入而後量)"『학기유편』은 조식이 유가의 경전과 역사책을 읽으며 자신에게 절실하다고 여겨지는 구절을 뽑아 묶은 책이다. '고려해 보고 들어가야 한다'는 내용의 이 말은『예기』「소의(少儀)」편에서 뽑아 온 것이다.

❿ 『주역(周易)』: 세상의 본질은 변화(易)라고 말한다. 서로 대립하는 두 사물이 시간에 따라 변화하며 서로에게 영향을 미치는 것이 곧 세상이라는 철학을 담고 있다. 대립하는 두 사물을 음효(陰爻)라고 부르는 '끊어진 선(--)'과 양효(陽爻)라고 부르는 '이어진 선(—)'으로 나타낸다. 음효 또는 양효를 여섯 번 겹쳐 쌓아 64괘를 만들고 이 64괘를 통해 세상의 모든 사물과 이 모든 사물이 일으키는 천변만화를 설명하고자 한다. 64개의 괘상에 대해 설명하는 경(經), 이 경에 대해 설명하는 전(傳)으로 이루어져 있다. 전(傳)은 공자가 지은 것으로 여겨져 온 「단전(象傳)」, 「상전(象傳)」, 「문언전(文言傳)」, 「계사전(繫辭傳)」 등을 말한다. 유가의 오경(五經) 중 하나이지만, 도가(道家) 등 제자백가도 중요하게 받아들였으며 불가의 승려들도 읽었다. 중국을 비롯한 한문자(漢文字) 국가 사람들의 세계관, 인생관, 자연관에 엄청난 영향을 미쳤다.

⓫ 척촉(躑躅)을 풀이한 것이다.『주역』「구괘(姤卦)」에 "아무리 핼쑥한 돼지라도 언제든 날뛰려는 심보를 가지고 있다 (羸豕孚蹢躅)"는 말이 나온다. 정이천(程伊川)의『역전(易傳)』에서는 이 말을, 핼쑥하고 핏기가 없는 돼지가 비록 강하고 사납지는 않지만 마음속으로는 언제나 날뛰려고 생각하는 것처럼 소인들도 항상 군자를 해치려고 노리고 있다는 뜻으로 풀이한다.

⓬ 기존의 「을묘사직소」 번역은 대부분 척촉(躑躅)을 '머뭇거린다'는 뜻으로만 풀이한다. 글자의 의미를 그대로 따라 축어역(逐語譯)한 것이

다. 하지만 조선시대 유학자들은 이 말을, 종종『주역』「구괘(姤卦)」의 뜻을 나타내는 것으로 쓴다. 이번 책에서는 조식이 이 척촉이라는 말을 통해 척족(戚族)인 권간(權奸)들이 추악한 돼지처럼 날뛰는 상황을 은연중에 나타내고자 한 것으로 본다.

지금의 시사(時事)에 대해서는 전하께서도 근심이 많을 것입니다. 이에 신이 무슨 까닭으로 관직에 나아가기 어려워하는지, 지금의 시사는 어떠한지 아뢰고자 합니다. 송(宋)나라❸ 유학자 주희(朱熹)❹는 황제에게 올린 상소(封事)에서 이렇게 말한 적이 있습니다. "(구석진 땅에 물러나 있지만) 가만히 팔짱만 끼고 묵묵히 입을 다물고서 끝내 폐하를 위해 아무 말도 하지 않는다면 이 또한 신하로서 감히 취할 태도가 아닐 것입니다."❺ 신 또한 지금과 같은 때에 "편안하게 마음을 놓아버리고 아무 일도 하지 않아서는 안된다"❻고 생각했습니다.

❸ **송(宋)나라**는 960년에서 1279년까지 중국을 지배한 왕조이다. 후주(後周)의 절도사(節度使)였던 조광윤(趙匡胤)이 후주의 세종이 죽은 후 군주 자리를 물려받아 건립했다. 후주의 도읍이었던 개봉(開封 : 하남성 개봉)을 도읍으로 삼았다. 오대십국(五代十國)을 평정하며 중국을 지배하는 왕조로서 자리잡았다. 1127년 금(金)나라에 의해 회수(淮水) 남쪽으로 밀려나며 도읍을 임안(臨安 : 절강성 항주)으로 옮겼다. 도읍을 임안으로 옮기기 전을 북송(北宋)이라 하고 옮긴 이후를 남송(南宋)이라 하여 구분한다. 북송 시기의 정명도와 정이천, 남송 시기의 주희 등이 성리학을 주장하며 새로운 유학의 시대를 열었다.

❹ **주희(朱熹)** 1130-1200 : 송나라 성리학을 집대성한 인물이다. "본성이 곧 이(理)"라는 성즉리(性卽理)를 주장했다. 주희가 집대성한 송나라 성리학은 이후 우리나라를 비롯한 한문자(漢文字) 국가에 절대적인 영향을 미쳤다. 흔히 주자(朱子)라는 존칭으로 불린다. 송나라 성리학 전체를 주자학(朱子學)이라 부르기도 한다. 약 9년 동안 지방관으로 일했으며 세금 및 부역 감면, 가뭄 대책, 서원 재건 등에서 놀라운 성과를 보여주었다. 천문학, 역법, 지리학 등에도 정통했다. 임종을 앞두고

제자들에게 "견고하게 발을 땅에 붙여야 앞으로 나아갈 수 있다 (牢固 著足 方有進步處)"고 말했다. 80여 종에 이르는, 방대한 분량의 저술 이 있다. 『논어』, 『맹자』, 『대학』, 『중용』의 주해(注解)를 달고 사서 (四書)라는 이름으로 묶었다. 여조겸(呂祖謙)과 함께 『근사록』을 편찬 했다. 자는 원회(元晦)·중회(仲晦) 등이고, 호는 회암(晦庵)·회옹(晦 翁)·운곡산인(雲谷山人) 등이다.

❶❺ 주희의 「임오응조봉사(壬午應詔封事)」에 이와 같은 말이 나온다. "一 (至若陰拱嘿黙 終不爲陛下一言 則又非臣之所敢安也)" 「임오응조봉 사」는 주희가 1162년 새로 즉위한 효종(孝宗) 황제의 구언(求言)에 응 하여 올린 상소이다. 이 무렵 주희는 실제의 직책 없는 하급 관원의 신 분을 가지고 궁벽한 '민(閩 : 현재의 복건성 안)' 땅에 머물며 학문 연 구에 몰두하고 있었다. 주희는 성리학을 집대성한 인물로 유명하지만, 혁신적인 정치가로서 당대 정치의 폐단에 대해 강력한 비판을 서슴지 않았던 인물이기도 하다.

❶❻ 『학기유편(學記類編)』 「출처(出處)」편에 다음과 같은 말이 나온다. "고상한 선비는 책임 있는 지위에 있지 않다고 하여 편안하게 마음을 놓아버리고 아무 일도 하지 않아서는 안 된다. (高尚之士 不可以不在 於位 而安然放意無所事也)" 이 말은 조식이 정이천의 『역전(易傳)』 「관괘(觀卦)」에서 뽑아 『학기유편』에 담은 것이다.

아마도 전하께서는 현명한 인재를 기다리며 바로 옆의 측석 (側席)❶❼을 비워 두고 있을 것입니다. 감히 이 상소문을 이 측 석 아래에 전달합니다. 끝내 전달하지 않을 수 없는 뜻을 혜량 하여 주시기 바랍니다. 신이 벼슬에 나아가기 어려워하는 것 은 크게 두 가지 이유에서입니다.

❶❼ 측석(側席)은 한 사람이 하나의 자리를 전부 차지하지 않고 한쪽으로 비켜 앉을 때 그 옆에 비어 있는 자리를 말한다. 이로써 바로 곁에 누군 가가 와서 앉기를 기다린다는 의미를 담고 있다. 흔히 임금이 현명한 인 재를 위해 비워 둔 바로 옆자리를 말한다.

今臣年近六十
學術疏昧
文未足以取丙科之列
行不足以備灑掃之任

求擧十餘年
至於三刖而退
初非不事科擧之人也

就使人有
不屑科目之爲者
亦不過悻悻一段之凡民
非大有爲之全才也
況爲人之善惡
決不在
於求擧與不求擧也

微臣盜名而謬執事
執事聞名而誤殿下

신은
물 뿌리고
비질하는
쇄소(灑掃)의
일도
제대로 해내지
못합니다

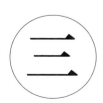

지금 신은 나이가 예순에 가깝습니다. 『예기』에서는 "쉰 살이면 집안에서 지팡이를 짚고 예순 살이면 고을에서 지팡이를 짚는다"❶고 말합니다. 신은 이미 기력이 쇠한 늙은이로서 길을 걸을 때는 한쪽 다리를 절뚝거리며 종종 허방다리를 짚기까지 합니다. 게다가 눈병까지 있어 앞을 제대로 보지 못한 지 이미 여러 해입니다.❷

❶『예기(禮記)』「왕제(王制)」편에, "쉰 살이면 집안에서 지팡이를 짚고 예순 살이면 고을에서 지팡이를 짚고 일흔 살이면 나라에서 지팡이를 짚고 여든 살이면 조정에서 지팡이를 짚는다 (五十杖於家 六十杖於鄕 七十杖於國 八十杖於朝)"는 말이 나온다.

❷ 조식이「을묘사직소」를 올리기 2년 전인 1553년 무렵, 성균관대사성으로 있던 이황(李滉)이 조식에게 출사를 권하는 편지를 보내왔다. 이에 조식은「이황에게 답하는 글(答退溪書)」을 보내 자신이 벼슬에 나아가지 못하는 이유에 대해 설명했다. 이 답장에 다음과 같은 말이 나온다. "지난 겨울 한 달 남짓 등허리가 쿡쿡 쑤시고 아팠는데 급기야 다리까지 절뚝거리고 있습니다. 이제는 사람들과 나란히 걸을 수도 없는 형편입니다. 평평한 곳으로 다니려 해도 발 디딜 곳을 찾지 못하고 허방다리를 짚고 맙니다. (於去年冬 腰脊刺痛 月餘 右脚輒蹇 已不得齒行人列 雖欲蹈履平地上 寧可得耶)" 또 다음과 같은 말이 나온다. "게다가 눈병까지 있어 눈앞이 흐릿하고 사물을 제대로 보지 못한 지 여러 해입니다. (更有眸病 眯不能視物者有年)"

그렇다고 해서 신이 이렇다 할 학문적 성취를 거둔 것도 아닙니다. 신의 학문은 아직까지도 엉성하고 어둡기만 합니다. 신이 문장을 쓰는 능력은 과거에 합격하기에도 모자랍니다. 신은 스무 살 때부터 문과(文科)❸를 통해 벼슬에 나아가고자 했습니다. 그런데 문과의 첫 번째 시험인 초시(初試)는 몇 번 통과하기도 했으나 당락을 결정하는 복시(覆試)에는 합격하지 못했습니다. 10여 년 동안 여러 차례 시험장(科場)에 나아갔지만❹, 문과의 최종 관문인 전시(殿試)에는 그 끝자리인 병과 (丙科)조차 올라가 볼 수 없었던 것입니다.

❸ **문과(文科)**는 문신 관료를 뽑던 과거 시험을 말한다. 3년에 한 번씩 정기적으로 실시하는 식년시(式年試)가 대표적인 문과였다. 식년시에서는 초시(初試), 복시(覆試), 전시(殿試)의 3단계 시험을 거쳐 최종적으로 33명을 뽑았다. 각 지역별로 치러진 초시에서 전부 240명을 뽑은 후, 이 240명을 서울에 불러 모아 치르는 복시에서 33명의 합격자를 결정했다. 그리고 임금이 직접 시험지를 확인하는 전시에서 갑과(甲科) 3명, 을과(乙科) 7명, 병과(丙科) 23명의 등급을 매겼다. 식년시 외에 부정기적으로 실시하는 별시(別試), 증광별시(增廣別試), 정시(庭試), 알성시(謁聖試) 등이 있었다. 시험 내용은 유가 경전에 관한 지식과 이를 바탕으로 한 논술 능력을 평가하는 것이었다.

❹ 조식이 1532년에 쓴 「송인수가 선물한 '대학'의 책가위 안에(書圭菴所贈大學冊衣下)」에 다음과 같은 말이 나온다. "(스물한 살 이후) 생원·진사시는 포기하고 문과에만 응시해 초시에서 세 차례 일등을 차지했다. 그 후로 합격하기도 하고 떨어지기도 하며 나이 서른을 넘겼다. (逐輟司馬擧 只就東堂 三居一等 或進或黜 年已三十餘矣)" 또 『남명선생편년(南冥先生編年)』에 따르면 조식은 스무 살 때인 1520년 문과 초시에 합격했고 이후에도 여러 차례 문과 시험에 응시했다. 서른세 살 때인 1533년과 서른여섯 살 때인 1536년에도 문과에 응시한 기록도 있다. '여러 차례 시험장에 나아갔다'고 한 것은 이와 같은 기록을 근거로 한 것이다.

신은 젊은 시절 한때, 뜻이 명쾌한 고문(古文)❺을 공부해 문장을 이루려는 포부를 가지고 있었습니다. 이에 나름대로 문장에 대한 자부심을 가지고 있었고 "과거 시험 정도는 응시만 하면 허리를 굽혀 물건을 줍듯 쉽게 합격할 수 있을 것"으로 생각했습니다.❻ 그러나 여러 차례 문과에 실패한 후에는, 신의 처지가 춘추시대(春秋時代)❼ 초(楚)나라의 변화(卞和)와 다를 바 없다고 생각했습니다. 변화는 옥돌을 얻어 왕에게 바쳤으나 옥 장인(匠人)이 이 옥돌을 제대로 알아보지 못한 탓에 왕을 속였다는 누명을 썼습니다. 결국 변화는 발꿈치를 잘리는 월형(刖刑)을 당하고 맙니다.❽ 신 또한 여러 차례에 걸쳐 시험관들로부터 문장을 인정받지 못했다는 마음이 들어 크게 낙담했습니다.❾ 결국 과거를 싫어하는 마음이 생겨 과거에 응시하는 일을 아예 포기했습니다. 전하께 신을 천거한 이들은, 신이 "과거 공부에 매달리지 않았다"고 말합니다. 그러나 젊은 시절 여러 차례 시험장에 나아갔으니, 신이 처음부터 과거를 일삼지 않은 사람이라고 할 수도 없습니다.

❺ 고문(古文)은 단순명쾌한 의미 전달을 목표로 하는 문장을 말한다. 『맹자』, 『사기(史記)』 등의 문장이 가진 단순함, 명쾌함, 힘참을 산문 문장의 이상이라고 여긴다. 겉으로 화려하게 꾸미는 남북조시대의 변려문(駢儷文)에서 벗어나려는 의도를 가지고 있다. 당나라 문인 한유, 유종원 등이 고문 운동을 제창했다.

❻ 조식의 제자 김우옹(金宇顒)이 쓴 「남명선생행장(南冥先生行狀)」(『남명집(南冥集)』)에 다음과 같은 말이 나온다. "점점 자라나면서 글 짓는 일을 좋아했습니다. 특히 기특하고 예스러운 고문을 짓는 일에 힘을 기울였는데 자신의 문장에 대한 자부심을 가지고 있었습니다. 판교공(조식의 아버지인 조언형)께서는 선생에게 과거를 위한 공부를 권했습니다. 선생은 그 재주를 스스로 웅장하게 여겨 〝과거 시험 정도는 허리를 굽혀 물건을 줍듯 쉽게 합격할 것〞이라고 말하곤 했습니다.(稍長喜爲文 務爲奇古 以文章自負 判校公每勉以擧子業 先生自雄其才 謂科第可俯取)"

❼ 춘추시대(春秋時代) 기원전770-기원전403 : 흔히 주(周)나라의 평왕(平王)이 수도를 낙양(洛陽)으로 옮긴 기원전770년부터 진(晉)나라가 한(韓)나라, 위(魏)나라, 조(趙)나라로 나누어진 기원전403년까지를 말한다. 주(周)나라가 종주국(宗主國)으로서의 지위를 잃고, 각 지역의 제후국들이 독립 국가로 발전한 시대이다. 제후국들은 끊임없는 정복 살육 전쟁을 벌였고, 이 전쟁을 통해 춘추시대 초기 170여 개국에 이르던 제후국은 춘추시대 말기에는 10여 개국으로 줄어들었다. 제(齊), 진(晉), 송(宋), 진(秦), 초(楚), 오(吳), 월(越) 등이 넓은 영토와 강력한 군대를 가진 강대국이었다. 춘추시대라는 명칭은 역사책인 『춘추(春秋)』에서 비롯되었다. 공자가 살았던 시대이다.

❽ **지어삼월(至於三刖)**을 풀이한 것이다. '삼월(三刖)'은 "세 번 옥(玉)돌을 바쳤는데 발꿈치를 잘렸다"는 뜻이다. 다음과 같은 고사에서 유래한 말이다. 춘추시대(春秋時代) 초(楚)나라의 변화(卞和)는 옥(玉)돌을 얻어 초여왕(楚厲王)에게 바쳤다. 그러나 옥 장인은 이 옥돌을 '평범한 돌'로 평가했고 변화는 거짓말을 했다 하여 발꿈치를 잘렸다. 이후 변화는 초무왕(楚武王)에게도 이 옥돌을 바쳤다가 같은 일을 겪었다. 초무왕의 뒤를 이은 초문왕(楚文王)은 변화의 이 옥돌을 잘라 보도록 했고 그제야 이것이 옥임이 밝혀졌다. 이후로 능력을 가지고 있으나 인정받지 못하는 경우를 두고 '삼월(三刖)'이라고 한다. '삼헌옥(三獻玉)'이라고도 한다. 『한비자(韓非子)』「화씨(和氏)」편에 이 이야기가 나온다.

❾ 기존의 번역은 대부분 지어삼월(至於三刖)을, "(조식이) 10여 년 동안 세 번 낙방했다"는 뜻으로 풀이한다. 그러나 조식이 직접 쓴 「송인수가 선물한 '대학'의 책가위 안에」의 기록이나 『남명선생편년』의 기록만 보아도, 조식이 문과에 응시한 일은 적어도 여덟아홉 번은 넘는 것으로 보인다. 당연히 낙방한 횟수 또한 여덟아홉 번은 넘을 것이다. '삼월(三刖)'이라는 말 또한 "세 번 옥돌을 바쳤는데 발꿈치를 잘렸다"는 뜻의 성어(成語)로 보는 것이 자연스럽다. 이에 이번 번역에서는 이 구절을, 대략 "여러 차례에 걸쳐 시험관들의 인정을 받지 못해 크게 낙담하는 지경에 이르렀다"는 뜻으로 풀이한다.

과거 공부에 매달리는 일은 응시자들로 하여금 조정 시험관들의 눈치만 살피도록 만듭니다. 응시자들은 시험 교재의 핵심 사항만을 요약해 놓은 '초집(抄集)'을 암송하면서 비슷한 과제(科題)를 만나면 표절하여 그대로 써내려가기까지 하고 있습니다.❿ 이들에게 중요한 것은 벼슬의 높고 낮음과 녹봉의 많고 적음일 따름입니다. 그렇다면 이들이 어떻게 백성의 고통을 덜기 위해 몸과 마음을 다할 수 있겠습니까?⓫ 시험 교재라고 해서 백성의 고통을 살피라는 선유(先儒)의 말이 없는 것이 아닙니다. 그런데 이들은 이러한 선유의 말을 읽으면서도 이 말이 가리키는 방향과는 다른 쪽으로 등을 돌리고 앉아 있는 것입니다.

❿ 조선 전기의 과거 시험 교재로는 송(宋)나라의 『원류지론(源流至論)』, 원(元)나라의 『삼장문선(三場文選)』 등이 모범적인 것으로 여겨졌다. 이 교재들은 경전과 역사책의 내용, 여러 학파(諸家)의 특징, 역대 왕조의 제도와 연혁 등을 담고 있다. 명종 때는 명종 즉위 초인 1547년 발간된 『전책정수(殿策精粹)』도 유명했는데, 이 교재는 조선 전기 신진 관료들의 책문(策文)을 뽑아 놓은 것이다. 그런데 이 교재들은 좋은 글을 뽑아 놓은 책이었지만 그래도 그 분량이 방대했다. 『원류지론』은 4집 40권, 『삼장문선』은 10집 27권에 달했다. 이에 이 교재의 핵심 사항을 요약한 초집이 유행했다.

⓫ 『심경부주(心經附註)』 「계명이기(雞鳴而起 : 닭이 울면 일어나)」 장에 다음과 같은 말이 나온다. "과거의 득실을 따지는 자들은 또한 오로지 벼슬자리의 높고 낮음과 녹봉의 많고 적음만을 계산한다. 그렇다면 이들이 어찌 나라의 일과 백성의 고통을 살피기 위해 몸과 마음을 다할 수 있겠는가? 이로써 임금을 저버리지 않을 수 있겠는가? (推而上之則又惟官資崇卑 祿廩厚薄 是計 豈能悉心力於國事民隱 以無負於任使之者哉)"

그러나 설령 어떤 이가 과거 공부를 달갑게 여기지 않는다고 해서 이 사람이 곧 백성을 위해 몸과 마음을 다하려는 자라고 할 수는 없습니다. 이 사람은 십상팔구 용렬한 졸장부(拙丈夫)에 지나지 않을 것입니다. 자신의 주장이나 의견이 받아들여지지 않는다 하여 발끈, 화를 내며 떠나버리는 평범한 사람일 뿐이라는 것입니다.⓬ 나라를 위해 일하는 벼슬아치라면 유학 경전에 대한 이해는 물론 이를 실천할 수 있는 실무 능력을 갖추고 있어야 합니다. 『근사록(近思錄)』⓭에서 "관원의 사무를 빠르게 처리하고 관아의 문서와 장부를 작성하는 일에도 또한 모두 정밀하고 상세하다"⓮고 말한 것은, 벼슬아치는 바로 이와 같은 능력을 갖춘 인재라야 한다는 뜻입니다. 과거 공부를 달갑게 여기지 않는 이가 곧 온전한 재능을 바탕으로 나라를 위해 큰일을 할 만한 인재는 아니라는 것입니다. 더군다나 사람됨의 선(善)함과 악(惡)함은 결코 과거에 합격하기를 바라느냐 그렇지 않느냐에 달려 있는 것이 아닙니다. 신이 설혹 과거를 통해서 벼슬에 나아가려 하지 않았다고 하더라도, 신을 대단하게 보실 이유는 없다는 것입니다.

❷ 행행일단지범민(悻悻一段之凡民)을 풀이한 것이다. '행행(悻悻)'은 발끈, 화를 내며 자리를 박차고 떠나는 모양이다. 『맹자(孟子)』「공손추(公孫丑)」하편에 다음과 같은 말이 나온다. "내가 어찌 이 졸장부와 같겠는가? 임금에게 간언하다가 임금이 받아주지 않는다 하여 발끈, 화를 내며 그 얼굴에 노기를 드러내고, 떠나면 하루 종일 힘을 다한 후에 머물겠는가? (予豈若是小丈夫然哉 諫於其君而不受 則怒 悻悻然 見於其面 去則窮日之力而後宿哉"

❸ 『근사록(近思錄)』: 주희와 그의 제자인 여조겸(呂祖謙)이 함께 편찬했다. 주돈이(周敦頤), 정명도(程明道), 정이천(程伊川), 장재(張載) 등의 말에서 수양에 꼭 필요한 내용을 뽑아서 묶었다. 성리학 입문서이자 교과서로 여겨졌던 책이다. 조식은 제자들에게 이 책을 부지런히 읽으라고 권했는데 『명종실록』명종21년(1566년) 12월 2일 기사에 이러한 내용이 나올 정도였다.

❹ 『근사록』「치법(治法)」편에 이와 같은 말이 나온다. "— (其吏事操決 文法簿書 又皆精密詳練)"

신은 덕행이 있는 사람이라고 할 수도 없습니다. 신은 물 뿌리고 비질하는 쇄소(灑掃)의 일조차 제대로 해내지 못합니다. 송(宋)나라의 정명도(程明道)❺는 "물 뿌리고 비질하고 어른의 말씀에 바로 대답하는 쇄소응대(灑掃應對)로부터 올라가면 곧바로 이상적인 유학자의 일에 이를 수 있다"❻고 말합니다. 부모에게 효도하고 형제를 사랑하는 효제(孝悌)와 자기 자신에게 충실하고 남에게 신의를 다하는 충신(忠信)도 이 쇄소응대를 기본으로 한다는 것입니다. 아래에서 사람의 일을 배우고 위로 하늘의 이치를 터득하는 하학이상달(下學而上

達❶❼ 또한 같은 것입니다. 그런데 신은 상달(上達)은커녕 하학(下學)조차 아직 부족하기만 합니다.

❶❺ **정명도(程明道)** 1032-1085 : 송(宋)나라 때의 유학자이다. 명도(明道)는 호이고 이름은 호(顥)이다. 자는 백순(伯淳)이다. 동생인 정이천(程伊川)과 함께 이정자(二程子) 또는 정자(程子)로 불린다. "모든 사물은 하나의 이(理)를 가지고 있다 (物物皆有理)"고 생각했다. 그리고 사람의 "성(性)이 곧 이(性卽理)"라고 주장했다. 이로써 이기론(理氣論), 성즉리설(性卽理說)을 바탕으로 하는 송나라 신유학의 기틀을 마련했다. 스물여섯 살에 벼슬길에 나섰고 여러 고을에서 지방관을 지냈다. 지방관으로서 있을 때 "백성 보기를 아픈 상처와 같이 한다 (視民如傷)"는 말을 좌우명으로 삼았다. 조식은 '네 성현의 초상(四聖賢遺像)'을 그려 놓고 매일 아침 예를 올리며 학문에 정진했는데, 정명도는 조식이 예를 올린 이 네 사람의 성현 중 한 사람이었다.

❶❻ 『근사록』「교학(敎學)」편에 정명도의 이와 같은 말이 나온다. "— (自灑掃應對上 便可到聖人事)" 또 『근사록』「치법(治法)」편에 정명도의 다음과 같은 말이 나온다. "그 나라를 다스리는 방도는 반드시 인륜을 근본으로 삼아야 하고 사물의 이치를 밝히는 것으로 해야 한다. 그 세상을 가르치는 교화는 『소학』에서 말하는 쇄소응대(灑掃應對)로부터 시작해 나아가야 하는 것이다. 그러고 나서 부모에게 효도하고 형제에게 공손하며 자신에게 충실하고 남에게 진심으로 대하면서 자신을 수양하며, 예악의 조화로움을 두루 펼쳐야 하는 것이다. (其道 必本於人倫 明乎物理 其敎 自小學灑掃應對以往 修其孝悌忠信 周旋禮樂)"

❶❼ 『논어』「헌문(憲問)」편에 다음과 같은 말이 나온다. "나는 하늘을 원망하지도 않고 사람을 탓하지도 않는다. 아래에서 사람의 일을 배우고 위로는 하늘의 이치를 터득하려고 노력한다. 나를 알아주는 이는 아마도 하늘뿐일 것이다. (不怨天 不尤人 下學而上達 知我者 其天乎)"

보잘것없는 신이 명성을 도둑질한(盜名) 것입니다. 신에게는 "물동이를 머리에 이고 있어 하늘을 바라볼 수 없는" 탄식❶❽이 있습니다. 사사로운 일을 잊고 전하를 위해 직무를 충실히 해야 할 것이지만 재주는 모자라고 생각은 어리석기만 합니다. 『맹자(孟子)』❶❾에서는 "명성이 실제 사정보다 지나치는 일을 군자는 부끄러워한다"❷⓪고 말합니다. 신은 부끄럽고 부끄러워 식은땀이 발뒤꿈치까지 흘러내릴 지경입니다.

❶⓼ 사마천(司馬遷)의 「임안에게 보내는 글(報任少卿書)」(『소명문선(昭明文選)』)에 다음과 같은 내용이 나온다. "저는 '물동이를 이고서 어떻게 하늘을 바라보겠는가?' 라고 생각했습니다. 이에 빈객들과의 교유를 끊고 집안의 일을 잊고 밤낮으로 힘을 다했습니다. 불초한 재주와 능력이나마 한 마음으로 직무에 힘써 이로써 주상의 가까이에서 총애를 받고자 했습니다. 그러나 일이 크게 잘못되어 그렇게 하지 못했습니다. (僕以爲戴盆何以望天 故絶賓客之知 亡家室之業 日夜思竭其不肖之才力 務一心營職 以求親媚於主上 而事乃有大謬不然者)" 조식은 「이황에게 답하는 글(答退溪書)」에서 자신의 학문과 덕행이 모자라다는 말을 하면서, 물동이를 이고 하늘을 바라보는 이 대분망천(戴盆望天)의 이야기를 인용한다.

❶⓽ 『맹자』: 전국시대(戰國時代 : 기원전403-기원전221)의 탁월한 유학자인 맹가(孟軻)의 말을 담고 있다. 왕도의 정치를 주장한다. 왕도 정치란 백성에 대한 연민의 마음을 바탕으로 백성을 편안하게 해주는 정치, 곧 자신을 닦고 백성을 사랑하는 정치를 말한다. 이로써 민본(民本)을 중시하는 유가적 정치 이념의 원형을 제시한다. 다음과 같은 말이 나온다. "백성이 가장 귀하고 사직이 그 다음으로 귀하고 임금은 가볍다. 이런 이유로 농사짓는 백성의 마음을 얻어야 천자가 된다.(民爲貴 社稷次之 君爲輕 是故 得乎丘民而爲天子)" 또 인의예지(仁義禮智)의 사단(四端), 호연지기(浩然之氣) 등에 대한 주장을 펼친다. 송나라의 주희가 사서(四書)의 하나로 삼았다.

❷⓪ 『맹자』「이루(離婁)」 하편에 다음과 같은 말이 나온다. "진실로 본원(本源)이 없다면, 칠팔 월 사이에 빗물이 모여 도랑에 가득하더라도 이 도랑은 곧 말라버리고 만다. 잠시 서서 기다리는 잠깐 사이에 밑바닥을 드러내는 것이다. 그러므로 명성이 실제 사정보다 지나치는 일을 군자는 부끄러워한다. (苟爲無本 七八月之間 雨集溝澮皆盈 其涸也可立而待也 故聲聞過情 君子恥之)"

재작년(1553년)에 성균관대사성 이황(李滉)❷⓵이 신에게 서신을 보내 이렇게 말한 적이 있습니다. "현명한 그대가 산림에서 어떻게 뜻을 세웠길래 모든 이들이 탐하는 명예와 이익을 잊을 수 있는 것인지 모르겠습니다.”❷ 그러나 이황은 바람결에 들려오는 풍문을 듣고 이렇게 말한 것일 뿐입니다. 천거를 담당하는 이조(吏曹)의 관원들이 신에 대해 “명예를 얻는 일이나 높은 지위에 이르는 일로써 마음을 움직이지 않는다”❸고 말하는 것 또한 마찬가지입니다. 세상 사람들이 속은 것이고, 이조의 관원들이 속은 것입니다. 이로써 전하로 하여금 신이 훌륭한 인물이라고 잘못 판단하도록 한 것입니다.

❷ **이황(李滉)** 1501-1570 : ‘동방의 주자’로 일컬어지는 유학자이다. 도덕적 수양을 학문의 최고 목표로 삼았으며 특히 삼감(敬)을 강조했다. 주희의 이기론(理氣論)을 수용했으나 이(理)가 운동하지 못한다고 보았던 주희와는 달리 이(理)의 능동성을 강조했다. 기대승(奇大升)과 사단칠정(四端七情) 논쟁을 벌였다. 성균관대사성, 예조판서, 우찬성, 대제학, 이조판서 등을 제수받았으나, 대부분 사양하고 나아가지 않았다. 명종 즉위 초인 을사사화 때 삭탈관직당했다. 유학의 정치 이념을 드러낸 「무진육조소(戊辰六條疏)」를 선조에게 올렸다. 도산서당을 짓고 제자들을 가르쳤다. 「심경후론(心經後論)」, 「성학십도(聖學十圖)」, 「주자서절요」, 「자성록(自省錄)」 등의 저술이 있다. 자는 경호(景浩)이다. 호는 퇴계(退溪)인데 ‘물러나 시냇가에 머문다’는 뜻이다. 도옹(陶翁), 도수(陶叟), 퇴도(退陶), 청량산인(淸涼山人)이라는 별호(別號)도 사용했다.

❷ 이황(李滉)이 1553년에 쓴 「조식에게 주는 글(與曹楗仲)」(『퇴계집(退溪集)』)에 다음과 같은 내용이 나온다. “명예와 이익을 얻는 길은 세상 사람들 모두가 서로 말을 치달려 가고자 다투는 길입니다. 이를 얻으면 즐거워하고 이를 얻지 못하면 근심하며 탄식하는 것은 사람들이 모두 그러합니다. 그런데 현명한 그대가 산림에서 어떻게 뜻을 세웠길래 모든 이들이 탐하는 명예와 이익을 잊을 수 있는 것인지 모르겠습니다. (夫榮利之途 世所同馳 得之則以爲快樂 不得則以爲戚嗟者 衆皆然也 不知賢者之於山林 有何事可以自樹於此 而能忘於彼者耶)” 조식과 이황은 1501년 같은 해에 같은 경상도에서 태어나 같은 시대를 살았다. 조식은 이황의 학문과 인격을 접한 후, 이황을 마음의 벗으로 여겼다. 이황 또한 조식을 진심으로 존중하며 그리워했다. 그러나 두 사람은 일생 동안 서로 만난 적은 없었다.

❸ 『명종실록』 명종8년(1553년) 윤3월 18일 기사에 다음과 같이 조식을

평한 기록이 보인다. "사람됨이 맑고 절개가 굳어 예법(禮法)으로 몸을 단속하고 명예를 얻는 일이나 높은 지위에 이르는 일로써 마음을 움직이지 않는다. (爲人淸修苦節 以禮法律身 不以榮辱利達動其心)"

殿下果以臣爲如何人耶
以爲有道乎
以爲能文乎
能文者未必有道
有道者未必如臣

非但殿下不知
宰相亦不能知也
不知其人而用之
爲他日國家之恥
則何但罪在於微臣乎

與其納虛名而賣身
孰若納實穀而買官乎
臣寧負一身
不忍負殿下

此所以難進者一也

헛이름을
바치고
벼슬을
받는 일은
매관(買官)보다
못합니다

전하께서는 과연 신을 어떤 사람이라고 생각하십니까? 올바른 도를 터득해 간직하고 있는 유도지사(有道之士)라고 생각하십니까? 글솜씨가 좋은 문사(文士)라고 생각하십니까?❶

❶ **이위유도호(以爲有道乎)**와 **이위능문호(以爲能文乎)**를 풀이한 것이다. '유도(有道)'는 정도에 맞는다, 올바른 도리를 터득하고 있다는 뜻이다. 흔히 올바른 도리를 가진 유도지사를 가리킨다. '능문(能文)'은 글솜씨가 좋은 문사(文士)를 뜻한다. 송나라 문인 구양수(歐陽修)가 당나라 유학자 한유(韓愈)에 대해 말하면서 "올바른 도리를 가지고 있으며 글솜씨도 뛰어났다(有道而能文)"고 표현한 바 있다.

"집 그늘을 살펴 해와 달의 움직임을 깨닫고 음양(陰陽)의 변화를 알아차리는"❷ 사람을 유도지사라고 합니다. 또한 유도지사는 하늘의 명령을 두려워하고 백성의 곤궁함을 가엾게 여기며, 말해야 할 것을 알면 말하고, 말해야 할 것을 알지 못하면 자리에서 물러나는 사람입니다.❸ 다만 명성이 알려지기를 원하지 않는 것만으로는 부족한 것입니다. 벼슬자리에 있으면서 초야에 묻혀 있을 때와 마찬가지로 자신을 지키는 것만으로는 충분하지 않은 것입니다. 이런 것만으로는 도를 터득했다고 할 수 없습니다. 세상의 변화를 알고 백성을 가엾게 여기며 말해야 할 것을 말하는 유도지사라면, 필시 신과 같지는 않을 것이라는 말입니다.

❷ 『여씨춘추(呂氏春秋)』「찰금(察今)」편에 다음과 같은 말이 나온다. "올바른 도리를 아는 유도지사는 가까운 것으로 먼 것을 알고 현재로 과거를 알며 보이는 것으로 보이지 않는 것을 안다. 이런 것을 귀하게 여긴다. 그러므로 유도지사는 집 아래 그늘을 살펴 해와 달의 움직임을 깨닫고 음양(陰陽)의 변화를 알아차린다. (有道之士 貴以近知遠 以今知古 以所見知所不見 故審堂下之陰 而知日月之行 陰陽之變)"

❸ 『고문진보(古文眞寶)』에 실린, 한유의 「쟁신론(爭臣論 : 싸우지 않는 신하를 깎고 싸우는 신하를 올리는 글)」에 다음과 같은 말이 나온다. "만약 정말로 현명하다면 진실로 하늘의 명령을 두려워하고 사람들의 곤궁함을 가엾게 여깁니다. 어찌 자신의 평안함만을 구해 안일하게 지내고만 있을 수 있겠습니까? (若果賢 則固畏天命而閔人窮也 惡得以自暇逸乎哉)" 또 다음과 같은 말이 나온다. "벼슬을 물어보면 올바른 말을 하는 간의대부라 하고 녹봉을 물어보면 아랫자리 대부의 녹봉을 받는다고 합니다. 그러나 백성을 살피는 그의 정치에 대해 물어보면 '나는 알지 못한다'며 대답을 피합니다. 올바른 도리를 아는 유도지사라면 참으로 이와 같을 수 있겠습니까? (問其官則曰諫議也 問其祿則曰下大夫之秩也 問其政則曰我不知也 有道之士 固如是乎哉)" 또 다음과 같은 말이 나온다. "말해야 할 것을 알면서도 말하지 않는 것과 말해야 할 것을 알지 못하면서도 자리를 떠나지 않는 것은 모두 옳지 않습니다. (得其言而不言 與不得其言而不去 無一可者也)"

신은 또한 솜씨 있는 문사라고 하기에도 부족합니다. 『소학(小學)』❹에 "저 문장으로만 쓰고 마는 자는 비루할 뿐"❺이라는 말이 나옵니다. 글을 잘 쓰는 일이 글에 있지 않고 실행에 있다는 것입니다. 글이라는 것은 도를 싣는 방법이니 아름다움으로만 치달려서는 안된다는 것입니다. 송(宋)나라의 장뢰(張耒)❻는 또 이런 말을 한 적이 있습니다. "글을 잘 쓴다는 것은 진실로 기특함을 위주로 하는 것이 아니다. 대관절 글이라는 것은 무엇을 위해 쓰는 것인가?"❼ 이치를 알지 못하는 사람은 글을 잘 쓰기 힘들다는 것입니다. 그렇다면 쇄소의 일조차 제대로 해내지 못하는 신을 어찌 솜씨 있는 문사라고 할 수 있겠습니까? 글솜씨가 좋은 자가 반드시 우리 유학의 도를 쌓아 간직하고 있는 것은 아닙니다.

❹ 『소학(小學)』: 청년을 위한 유학 입문서이다. 주희의 제자 유자징(劉子澄)이 청년들에게 유학을 가르치기 위해 편집했다. 일상생활에서

의 예의범절, 수양을 위한 격언, 충신과 효자의 이야기 등을 모아 놓았다. 조식은 "배우는 사람은 반드시 『소학』으로 그 기본을 세워야 한다 (必以小學立其基本)"(『남명선생편년(南冥先生編年)』)고 말하며 『소학』 읽기를 강조했다.

❺ 『소학』 「가언(嘉言 : 아름다운 말)」편에 다음과 같은 주돈이(周敦頤)의 말이 나온다. "유학의 도는 귀로 들어와 마음에 간직된다. 이것을 쌓으면 덕행으로 삼을 수 있고 이것을 실천하면 사업을 일으켜 펼쳐 나갈 수 있다. 저 문장으로만 쓰고 그만두는 자는 비루할 뿐이다. (聖人之道 入乎耳存乎心 蘊之爲德行 行之爲事業 彼以文辭而已者 陋矣)" 주희는 주돈이의 이 말에 다음과 같은 주해를 덧붙인다. "사람들이 참으로 도덕의 소중함을 알기를 원한 것이다. 문장 표현의 비루함에 빠져 허우적거리지 않기를 바란 것이다. (欲人眞知道德之重 而不溺於文辭之陋也)"

❻ 장뢰(張耒) 1054-1114 : 송나라의 유학자이다. 문장가로도 이름이 높았는데 시부(詩賦)를 지으면서 유학의 이치를 밝히는 일을 중요한 임무로 생각했다. 자는 문잠(文潛), 호는 가산(柯山)이다.

❼ 장뢰의 「이추관에게 답하는 글(答李推官書)」(『고문진보(古文眞寶)』)에 다음과 같은 말이 나온다. "글솜씨가 좋다는 것은 진실로 기특함을 위주로 하는 것이 아니다. 대관절 글이라는 것은 무엇을 위해 쓰는 것인가? 이치를 알지 못하는 사람은 말을 잘할 수 없다. 세상에 말솜씨가 좋은 사람은 많지만 솜씨 있는 글만 전해진다. 어찌 솜씨 있는 글만이 전해지겠는가? 그 솜씨 있는 글로 인해 말이 더욱 정밀해지고 그 정교한 말로 인해 이치가 더욱 밝아진다. 이런 까닭에 성인은 글 쓰는 일을 귀하게 여긴다. (能文者 固不以能奇爲主也 夫文 何爲而設也 不知理者 不能言 世之能言者多矣 而文者獨傳 豈獨傳哉 因其能文也而言益工 因其言工也而理益明 是以聖人貴之)"

신의 비루함에 대해서는 전하께서만 알지 못하는 것이 아닙니다. 재상(宰相)❽들 또한 알지 못하고 있습니다. 재상이란 인재를 가려 직책을 맡기는 책임을 가지고 있는 사람들입니다. 그런데 지금의 재상들에게 인재를 볼 줄 아는 능력이 조금이라도 있는 것인지 의문스러울 따름입니다.❾

❽ **재상(宰相)**은 임금을 보좌하여 모든 관원을 지휘하는 자리에 있던 벼슬아치를 일컫는 말이다. 조선시대에는 삼정승, 좌찬성과 우찬성, 육조의 판서 등 종이품(從二品) 이상의 고위직 관료 59명을 재상이라고 했다.

❾ **재상역불능지야(宰相亦不能知也)**를 풀이한 것이다. 『근사록』「정사(政事)」편에 다음과 같은 말이 나온다. "인재를 가려 직책을 맡기는 것이 곧 재상의 일이다. 이는 낮은 지위에 있는 벼슬아치가 간여할 수 있는 일이 아니다. (擇人任職 乃宰相之事 非在下位者所可與矣)" 재상이라면 인재를 볼 줄 아는 능력을 갖추고 있어야 하는데 이때의 재상들에게는 이러한 능력이 없다는 점을, 조식은 비판하고 있는 것이다.

그 사람됨을 알지 못하고 등용하면 머지않아 나라 전체가 수치스러워질 것입니다. 송나라의 정이천(程伊川)❿은 『역전(易傳)』⓫에서 이렇게 말한 적이 있습니다. "(벼슬아치는) 위협과 형벌을 사용하는 대신 제도와 교화를 베풀어 백성으로 하여금 농사짓고 누에치는 생업에 종사할 수 있도록 한다. 이를 통해 부끄러워하는 염치를 알 수 있도록 한다."⓬ 벼슬아치를 잘못 등용하면 나라 안의 백성이 모두 염치를 모르는 상황에 빠져들 수 있다는 말입니다. 그렇다면 나라 전체가 큰 치욕을 당하는 일도 일어날 수 있습니다. 어떻게 죄가 이 보잘것없는 신에게만 있겠습니까?

❿ **정이천(程伊川)** 1033-1107 : 송(宋)나라 때의 유학자이다. "하나의 사물에는 반드시 하나의 이(理)가 있다(一物須有一理)"고 말했다. 성리학의 이기론(理氣論)을 체계화했다는 평가를 받는다. 이기론은 이(理)와 기(氣)의 원리를 통해 존재와 운동, 생성과 변화와 소멸을 설명하는 이론 체계이다. 스물일곱 살 때 과거에 낙방한 이후 다시 시험을 보지 않았으며 '경전을 연구하고 깨달음을 구하는 독서구도(讀書求道)'를 자신의 소임으로 여겼다. 형인 정명도(程明道)와 함께 이정자(二程子) 또는 정자(程子)라고 불린다. 이천(伊川)은 호이고 이름은 이(頤)이다. 자는 정숙(正叔)이다.

❶ 『역전(易傳)』: 정이천이 『주역』에 대해 깊이 연구한 후 쓴 주해서인 『이천역전(伊川易傳)』을 말한다. 『주역』64괘를, 미래를 예측하는 도구로 보는 대신 도덕적인 의미를 함축한 원리로 본다.

❷ 정이천의 『역전』 「대축괘(大畜卦)」에 이와 같은 말이 나온다. "— (不尙威刑 而修政敎 使之有農桑之業 知廉恥之道)"

헛이름을 바치고 벼슬을 받는 일은 자신을 파는 것이나 다름 없습니다. 이는 실상 있는 곡식을 바치고 벼슬을 사는 매관(買官)보다도 못한 일입니다. 어찌 같을 수 있겠습니까? 『순자(荀子)』❸에 "명성을 도둑질하는 것은 재물을 도둑질하는 것만 못하다"❹는 말이 나옵니다. 그러므로 신은 차라리 제 자신을 배신할지라도 차마 전하를 배신하지는 못합니다.

❸ 『순자(荀子)』: 전국시대 유학자 순황(荀況)의 글과 말을 담고 있다. 하늘의 권위를 부정하고 사람을 앞세운다. 다음과 같이 말한다. "도라는 것은 하늘이 운행하는 도가 아니다. 땅이 변화하는 도가 아니다. 사람이 이로써 행하는 도이다." 성악설을 말하지만 동시에 사람은 누구나 배움과 노력을 통해 선해질 수 있다고 주장한다. 예의(禮義)와 형벌을 강조한다.

❹ 『순자(荀子)』 「불구(不苟)」편에 다음과 같은 말이 나온다. "간사한 사람이 어두운 세상에서 명성을 도둑질하는 일은, 음험함이 이보다 큰 것이 없다. 그러므로 "명성을 도둑질하는 것은 재물을 도둑질하는 것만 못하다" 고 말한다. 밭에 물을 대는 인부 노릇으로 청렴하다는 이름을 얻은 전중(田仲)과 일부러 곧은 일을 해 곧다는 명성을 얻은 사추(史鰌)는 도둑보다 못한 것이다. (是姦人將以盜名於晦世者也 險莫大焉 故曰 盜名不如盜貨 田仲史鰌不如盜也)"

신이 벼슬에 나아가기를 어려워하는 첫 번째 이유는 바로 이 와 같은 것입니다.

抑殿下之國事已非
邦本已亡
天意已去
人心已離

比如大木
百年蟲心膏液已枯
茫然不知
飄風暴雨何時而至者
久矣

在廷之人
非無忠志之臣
夙夜之士也
已知其勢極而不可支
四顧無下手之地

小官嬉嬉於下
姑酒色是樂
大官泛泛於上
唯貨賂是殖

거센
회오리바람이
언제
불어올지
알 수
없습니다

五

'때의 마땅함(時宜)'이 아니라는 것은 또 하나의 이유입니다. 『주역』에서는 "도를 즐겨하는 세상이라면 자신의 도를 행하지만 근심스러운 세상이라면 떠난다"❶고 말합니다. 또『맹자』에서는 "물러나 숨을 만하면 물러나 숨고 나아가 벼슬할 만하면 나아가 벼슬한다"❷고 말합니다. 마땅한 때가 있고 마땅하지 않은 때가 있다는 것입니다. 그리고 지금은 신이 벼슬에 나아가기에 마땅한 때가 아닙니다.

❶ 『주역』「건괘 · 문언전(乾卦 · 文言傳)」에 다음과 같은 말이 나온다. "세상을 따라 변하지 않고 명성을 이루려 하지 않는다. 세상을 피해 은둔해도 괴로워하지 않고 세상으로부터 인정받지 못해도 괴로워하지 않는다. 도를 즐겨하는 세상이라면 자신의 도를 행하지만 근심스러운 세상이라면 떠난다. 그 깊은 뜻을 뽑아 버릴 수 없다. (不易乎世 不成乎名 遯世无悶 不見是而无悶 樂則行之 憂則違之 確乎其不可拔)" 정이천은 『역전』에서 이 말을 다음과 같이 풀이한다. "자신의 도를 지키면서 세속에 따라 변화하지 않는다. 행동을 감추며 시대가 알아주기를 구하지 않는다. 자신의 신념을 지키고 스스로의 도를 즐거워한다. 옳다고 생각되면 행동하고 어려움을 알면 피한다. 그의 신념을 아무도 빼앗을 수 없을 만큼 확고하게 지킨다. (守其道 不隨世而變 晦其行 不求知於時 自信自樂 見可而動 知難而避 其守堅不可奪)"
❷ 『맹자』「만장(萬章)」하편에 다음과 같은 말이 나온다. "재빨리 떠날 만하면 재빨리 떠나고 오래 머물 만하면 오래 머문다. 물러나 숨을 만하면 물러나 숨고 나아가 벼슬할 만하면 나아가 벼슬한다. (可以速而速 可以久而久 可以處而處 可以仕而仕)"

지금 전하의 나랏일은 매우 잘못되고 있습니다. 전하의 나랏일은 마치 새의 양 날개가 서로 다른 쪽을 향해 퍼드덕대는 것과 같습니다.❸ 이와 같다면 나라의 근본이 무너지는 것은 순식간입니다. 『서경』에서는 "백성은 나라의 근본이니 근본이 굳건해야 나라가 편안해진다"❹고 말합니다. 그런데 지금 우

리 백성의 삶은 굳건하기는커녕 엉망진창입니다. 하늘의 뜻
또한 전하를 떠났습니다. 『맹자』에서는 "백성의 마음을 얻는
방법은 백성이 바라는 일을 들어 주고 싫어하는 일을 베풀지
않는 것이다"❺라고 말합니다. 『서경』에서는 또 이렇게 말합
니다. "하늘은 백성을 가엾게 여긴다. 그러므로 백성이 바라
는 것을 하늘은 반드시 따라준다."❻ 백성이 바라는 것을 따르
지 못하니 하늘의 뜻이 머물 수 없는 것입니다.

❸ **이비(已非)**를 풀이한 것이다. 비(非) 자는 새의 양쪽 날개를 본떠 만들
어진 글자이다. 그런데 양쪽 날개가 서로 엇갈려 있는 모습에서 서로
등지다, 배신하다, 아니다 등의 뜻이 파생되어 쓰이기 시작했다.

❹ 『서경』「오자지가(五子之歌)」편에 다음과 같은 말이 나온다. "백성은
친근하게 대해야 하고 아래로 낮추어 보아서는 안된다. 백성은 나라의
근본이다. 근본이 굳건해야 나라가 편안하다. 내가 지금 천하를 보면
어리석은 사내와 어리석은 부녀라도 그 중 한 명이 나를 이길 수 있다.
임금 한 사람이 세 번(여러 번) 실수하니, 어찌 백성의 원망이 훤히 드
러난 후라야 알겠는가? 나타나기 전에 미리 도모해야 한다. (民可近不
可下 民惟邦本 本固邦寧 予視天下 愚夫愚婦 一能勝予 一人三失 怨
豈在明 不見是圖)"

❺ 『맹자』「이루(離婁)」상편에 다음과 같은 말이 나온다. "백성을 얻는
데 방법이 있으니 그 마음을 얻으면 곧 백성을 얻을 수 있다. 그 마음
을 얻는 데 방법이 있으니 백성이 바라는 것을 들어 주고 싫어하는 것
을 베풀지 않는 것이다. (得其民有道 得其心斯得民矣 得其心有道 所
欲與之聚之 所惡勿施爾也)"

❻ 『서경』「태서(泰誓)」편에 이와 같은 말이 나온다. "— (天矜于民 民之
所欲 天必從之)" 조식은 「민암부(民巖賦)」에서 다음과 같이 이 말을
인용한 바 있다. "하늘은 백성이 원하는 것을 반드시 들어준다. 참으로
부모가 자식을 대하는 것과 같다. (民所欲而必從 寔父母之於子)"

백성의 마음 또한 천지사방으로 흩어지고 있습니다. 송나라의
정이천은 『주역』「환괘(渙卦)」를 풀이하면서 이렇게 말합니

다. "사람들이 떠나는 것은 마음으로부터 말미암는다. 사람의 마음이 갈라지면 사람들은 곧 뿔뿔이 흩어져 떠나버린다."❼ 바람이 물 위에서 불 때 물방울이 이리저리 흩어지는 것이 환괘의 모습❽이니, 지금 우리 백성의 모습이 이와 같습니다.

❼ 이 말은 정이천의 『역전(易傳)』「환괘」에 나온다. "― (人之離散 由乎 中 人心離則散矣)"
❽ 『주역』「환괘」의 괘상(☴☵)은 바람(風)을 상징하는 손괘(☴)가 위에 있고 물(水)을 상징하는 감괘(☵)가 아래에 있는 것이다. 정이천은 『역전』에서 이 환괘의 괘상에 대해 다음과 같이 풀이한다. "바람이 물 위를 지나갈 때 물이 바람을 만나면 부서져 흩어지니 '환(渙)'이라고 하는 것이다. (風行於水上 水遇風則渙散 所以爲渙也)"

지금의 우리나라를 한 그루의 큰 나무에 비유해 보면 이렇습니다. 오랜 시간 동안 온갖 벌레가 단단한 심재(心材)까지 갉아먹었는데 이를 치유할 진액은 이미 다 말라 버렸습니다. 거센 회오리바람과 폭우가 어느 때에 몰려올지 알지 못합니다. 어제 오늘의 일이 아니라 아주 오래 전부터의 일입니다. 그런데도 망연자실(茫然自失), 정신을 차리지 못하고 있습니다. 내일이라도 회오리바람과 폭우가 몰려오면 반드시 쓰러지고 말 것입니다.❾ 먼저 나라의 뿌리를 굳건히 해야 이처럼 위태로운 태재(殆哉)❿를 피할 수 있습니다.

❾ 『설원(說苑)』「건본(建本)」편에 다음과 같은 말이 나온다. "나무가, 뿌리가 얕고 심재가 깊지 않아도 반드시 쓰러지지는 않는다. 그러나 회오리바람이 일어나고 폭우가 쏟아지면 반드시 먼저 뽑혀 버린다. (樹本淺根核不深 未必撅也 飄風起暴雨至 拔必先矣)"
❿ 태재(殆哉)는 몹시 위태로워 아슬아슬한 상황을 말한다. 『대학(大學)』「전십장(傳十章)」에 "또한 위태로울 것이다 (亦曰殆哉)"라는 말이 나온다.

조정에 있는 이들 중에는 충성스러운 뜻을 가진 신하가 없지 않습니다. 이들은 이른 아침부터 밤늦게까지 부지런히 일합니다. 그러나 이들도 이미 알고 있는 것은 이 아슬아슬한 형세가 극에 달했다는 점입니다. 지금 벌레가 심재를 갉아먹은 큰 나무는 더 이상 버틸 수 없는 형편입니다. 사방을 둘러보아도 더 이상 손 쓸 곳이 없습니다. 낮은 벼슬아치들은 아래 자리에서 시시덕거리면서 술과 여색(女色)에 빠져 있습니다. 자신의 직무를 태만히 하며 "내가 하지 않아도 누군가가 할 것"이라고 생각하고 있습니다. 그런데도 높은 벼슬아치들은 윗자리에서 빈둥거리면서 자신의 재산 불리기에 여념이 없습니다.❶ 부정하게 긁어모은 금은보화를 여러 채의 저택에 가득 채워 놓았는데, 대문 안으로 들여놓지 못한 재물이 거리에까지 넘칩니다.❷

❶ 『명종실록』의 사관은 이 대목에서 다음과 같이 사필(史筆)한다. "조식은 초야에 숨어 사는 선비로서 한때의 명성을 얻고 있었다. 그런데 비록 임금의 부름을 받고 벼슬에 나아가도 할 수 있는 일이 없다는 사실을 스스로 알고 있었다. 이에 상소를 올려 진언하며 당시의 폐단을 절실하게 비판했다. 또한 강직하지 않은가? (植以草野之逸士 負一時之高名 自知雖就徵 而不能有所爲 故陳疏進言 譏切時弊 不亦讜乎)"
❷ 『명종실록』 명종20년(1565년) 8월 14일 기사에 권간(權奸) 윤원형(尹元衡)의 죄악을 지적한 상소문이 있다. 이 상소문에 다음과 같은 말이 나온다. "하늘 높이 치솟은 화려한 저택을 연달아 이어서 10여 채를 지어 놓았습니다. 부정하게 긁어모은 보화가 그 속에 가득하며 가혹하게 거둬들인 재물이 밖에까지 넘쳤습니다. (凌雲甲第 輪奐華構 連街接巷 滿十有餘 悖入之總貨 充牣其中 儺斂之剩財 衍溢于外)"

이 모든 폐단은 어찌 열거할 수 있겠습니까? 『논어(論語)』❸에서 "윗사람이 그 도를 잃어 백성이 사방으로 흩어진 지 오래

이다"❶라고 말한 것은 또한 지금의 우리나라를 두고 한 말일
듯합니다.

❶ 『**논어(論語)**』: 공자의 언행록이다. 공자가 죽은 후 공자의 제자들이
공자의 말(語)을 모아 논(論)한 후 편찬한 것으로 알려져 있다. 공자는
무도(無道)한 춘추시대의 광풍 속에서 원칙과 상식이 통하는 '도를 세
우고자(有道)'자 했고, 이 책은 이러한 공자의 희망과 포부를 기록하고
있다. 효(孝)와 공경(悌)과 충서(忠恕)와 인(仁)을 강조한다. 유가의 사
서오경(四書五經) 중 첫 번째 자리를 차지한다. 학이(學而)에서 요왈
(堯曰)에 이르는 20편으로 이루어져 있다. 지난 2천500년 동안 우리나
라를 비롯한 한문자(漢文字) 국가 사람들의 삶에 엄청난 영향을 미친
책이다.

❶ 『논어』「자로(子路)」편에 다음과 같은 내용이 나온다. "증자의 제자인
양부가 형벌을 담당하는 벼슬아치로서 해야 할 일을 증자에게 물었다.
증자가 대답했다. "윗사람이 그 도를 잃어 백성이 사방으로 흩어진 지
오래이다. 만약 백성이 그 범죄를 저지를 수밖에 없었던 정황을 파악
하면 슬퍼하며 가엾게 여기고 기뻐하지 말아야 한다." (陽膚爲士師 問
於曾子 曾子曰 上失其道 民散久矣 如得其情 則哀矜而勿喜)"

河魚腹痛
莫肯尸之
而且內臣樹援龍挐于淵
外臣剝民狼恣于野
亦不知
皮盡而毛無所施也

臣所以長想永息
晝以仰觀天者數矣
噓唏掩抑
夜以仰看屋者久矣

慈殿塞淵
不過深宮之一寡婦
殿下幼冲
只是先王之一孤嗣
天災之百千
人心之億萬
何以當之
何以收之耶

전하는
임금의
책무를 알지
못하는
어린아이일
뿐입니다

'하어복통(河魚腹痛)'이라는 말은 물고기가 복통을 앓는다는 뜻입니다. 그런데 "물고기가 복통을 앓으면 어떻게 되겠습니까?"❶ 물고기는 썩을 때 뱃속부터 썩는 법입니다. 나라 또한 이 물고기와 같으니, 내부에서 썩기 시작해 곧 악취를 풍기며 무너져 내리는 것입니다. 그러나 숱한 벼슬아치들 중 누구 하나 앞으로 나서 책임지려 하지 않습니다. 누구 하나 이를 주관하여 바로잡으려 하지 않습니다.❷

❶ 『춘추좌씨전(春秋左氏傳)』선공(宣公) 12년 조에 이 하어복통(河魚腹痛) 이야기가 나온다. 춘추시대 초(楚)나라가 소읍(蕭邑)을 포위하고 함락시키려 할 때, 초나라 대부 신숙전(申叔展)은 소읍의 대부인 선무사(還無社)와 평소에 잘 알고 지내는 사이였는데 이 다급한 상황을 남몰래 알리고 싶었다. 이에 "물고기가 복통을 앓으면 어떻게 되겠습니까? (河魚腹疾奈何)"라고 말함으로써 소읍이 곧 망할 것이라는 사실을 알렸다. 「을묘사직소」에는 하어복통(河魚腹痛)으로 나오는데 '하어복질(河魚腹疾)'로도 널리 알려져 있다.
❷ 막긍시지(莫肯尸之)를 풀이한 것이다. 시(尸) 자는 시신 또는 시동(尸童)을 뜻하는 글자인데, 주관하다, 주재하다의 뜻도 가지고 있다.

오히려 벼슬아치들의 간악함은 날이 갈수록 더 심해지고만 있습니다. 대궐 안 벼슬아치들은 자신의 은밀한 뒷배를 끌어들이고자 잔혹한 쟁투를 벌입니다. 이들의 쟁투는 서로 칼을 휘두르는 날불한당 칼잡이들과 다를 바 없습니다. 용이 호랑이의 목을 치고 호랑이가 용의 허리를 찌르는 용나호확(龍拏虎攫)의 자세로 상대방을 겨눕니다.❸

❸ 용나우연(龍拏于淵)을 풀이한 것이다. 『무예제보번역속집(武藝諸譜翻譯續集)』에 다음과 같은 말이 나온다. "용이 위에서 덮치는 것과 같은 '용나'의 자세와 호랑이가 아래에서 발톱을 휘두르는 것과 같은 '호확'의 자세를 취한다. (龍拏虎攫勢)" 또 『무예도보통지(武藝圖譜通

志)』「월도(月刀)」편에 다음과 같은 말이 나온다. "칼을 똑바로 세우고 바르게 선다. 처음에 용이 연못에서 뛰어오르는 것과 같은 '용약재연'의 자세를 취한다. (竪刀正立 初作龍躍在淵勢)" 용나우연은 곧 용과 호랑이가 격렬하게 싸움을 벌이는 용쟁호투(龍爭虎鬪)를 뜻한다. 기존의 「을묘사직서」 번역은 대부분 용나우연(龍拏于淵)을, '용이 여의주를 움켜잡는다'는 뜻으로 풀이한다. '산의 형세가 용처럼 구불구불하다'는 뜻의 풍수(風水) 용어로 보기도 한다. 그러나 이번 번역에서는 이 구절을 검술 용어인 용나(龍拏)에서 가져온 것으로 본다.

더욱 비참한 것은 각 고을에 나가 있는 수령들의 포악질입니다. 이들은 곤궁한 백성의 사정은 아랑곳하지 않고 부당하게 공물(貢物)을 거두어들이고 제멋대로 노역을 시킵니다. 농사철도 헤아리지 않고 옥에 가두고는 잔인하게 매질하기까지 하므로, 백성은 논 팔고 집 팔아 바치는 것으로는 모자라 나중에는 반 동강 치마까지 벗어 주고는 원한을 품습니다.❹ 벼슬아치들은 야비한 승냥이와도 같이 백성의 살가죽을 벗겨 냅니다. 백성을 살피라는 경전의 가르침은, 언제 한번 들어본 적이라도 있는지 모르겠습니다. 『춘추좌씨전(春秋左氏傳)』❺에 "가죽이 남아 있지 않은데 털이 어디에 붙어 있겠는가?"❻라는 말이 나옵니다. 백성이 남아 있지 않다면 벼슬아치는 또한 어떻게 남아 있을 수 있겠습니까?

❹ 『명종실록』 명종9년(1554년) 4월 27일 기사에 경상도 안동부의 이포(李苞)가 올린 상소가 있다. 이 상소에 다음과 같은 내용이 나온다. "농사철도 헤아리지 않고 옥에 가두어 놓고 잔인하게 매질하기까지 하니 죄 없이 목숨을 잃는 자가 적지 않습니다. 혹은 관차(官差)가 오면 누덕누덕 기운 반 동강 치마까지 벗어 주고는 원한을 품고 통한해 합니다. 관리들의 욕심이 바다 한 가운데에서 바닷물을 끝없이 빨아들이는 미려혈(尾閭穴)과도 같아 전답을 팔고 집을 팔아도 모자랍니다. 결국 남편은 처를 버리고 어미는 자식을 버리고 헤어지는 지경에 이릅니다. (不計農月 繫留獄中 鞭扑狼藉 無辜而殞命者 比比有之 或半片裙

裳 懸鶉百結 而官差之來 顛倒赤脫 抱怨呼痛 賣田販屋 盡輸於尾閭之
欲 夫棄其妻 母棄其子)" 이포가 이 상소문을 올린 것은 조식이 「을묘
사직소」를 올리기 1년 전이다.

❺ 『춘추좌씨전(春秋左氏傳)』: 공자가 편찬한 것으로 전해지는 역사책
인 『춘추(春秋)』를 상세하게 풀이한 주해서이다. 기원전722년에서
기원전481년 사이의 중국 역사를 다룬다. 고대 중국인의 사유 방식과
생활 문화를 자세하게 묘사하고 있다. 노(魯)나라의 좌구명(左丘明)
이 주석을 썼다 하여 『좌씨전(左氏傳)』 또는 『좌전(左傳)』이라고도
한다.

❻ 『춘추좌씨전(春秋左氏傳)』 희공(僖公) 14년 조에 이와 같은 말이 나
온다. "— (皮之不存 毛將安傅)"

논밭은 황폐하고 마을은 비고 길에는 떠도는 백성이 붐빕니
다. 남편은 처를 버리고 부모는 아이를 버립니다. 이제 백성이
"굶주림을 참을 길은 오로지 굶주림을 잊는 일밖에 남아 있지
않습니다."❼ 신이 오래도록 생각하고 깊이 탄식하는 것은 이
런 백성을 가엾게 여기는 까닭에서입니다. 신은 낮에 하늘을
바라보다가 한숨을 몰아쉰 날들이 셈조차 할 수 없을 만큼 많
습니다. 밤에 천장을 바라보며 흐느끼다가 쾅쾅, 가슴을 친 날
들 또한 헤아릴 수 없을 정도입니다.❽ "슬피 우는 백성이 풍
년에 더 굶주리는"❾ 까닭을 누가 알겠습니까? 전하는 알고 계
십니까?

❼ 조식의 시 「유감(有感)」에 다음과 같은 내용이 나온다. "굶주림을 참
을 길은 오로지 굶주림을 잊는 일뿐입니다. 모두가 살아 있는 목숨이
지만 편안히 쉴 곳이 없습니다. 쉬게 해 주어야 할 주인(임금)은 눈을
감고 구제하지 않습니다. 푸른 산조차 푸름을 쉬지 못하고 저물녘 개
울에 푸르게 드리워집니다. (忍飢獨有忘飢事 摠爲生靈無處休 舍主眠
來百不救 碧山蒼倒暮溪流)"

❽ 조식의 벗인 성운(成運 : 1497-1579)은 백성을 걱정하는 조식의 모습
에 대해 다음과 같이 묘사한다. "늘 나라를 근심하고 백성을 불쌍히 여
겼습니다. 매양 달 밝은 밤이면 혼자 앉아 슬피 노래하다가 노래를 마

칠 무렵부터는 눈물을 흘리며 울었습니다. 그러나 곁에 있는 사람들은 그 뜻을 알지 못했습니다. (憂國傷民 每値淸宵皓月 獨坐悲歌 歌竟涕下 傍人殊不能知之也)"(『대곡집(大谷集)』「남명선생묘갈(南溟先生墓碣)」) 성운은 충청도 속리산 아래에 은거해 학문에 몰두했던 당대 최고의 유학자였고, 조식이 일생 동안 가장 절친한 벗으로 교유했던 인물이다.

❾ 조식의 「황강 노인에게 주는 시(贈黃江)」에 다음과 같은 내용이 나온다. "늘어나는 백발에 온갖 근심이 뒤얽힙니다. 슬피 우는 백성은 풍년에 더욱 굶주립니다. 답답한 생각 뱃속에 가득해도 글로 다 쓸 수 없습니다. 황강의 노인 양반, 당신은 잘 알고 있을 것입니다. (侵陵白髮愁爲橫 嗚咽蒼生稔益飢 果腹嘻懷書不得 黃芚老子爾能知)" 황강 노인은 경상도 초계군(현재의 합천군 초계면·쌍책면 일원)에 살았던 조식의 벗 이희안(李希顔 : 1504-1559)을 가리킨다. 황강은 이희안의 호이다.

전하께서 왕위에 오른 이후 우리 조정에서는 대왕대비(문정왕후)❿께서 사정전(思政殿)⓫에 나와 발을 드리우고(垂簾) 섭정을 펼쳤습니다. 그리고 얼마 전 대왕대비께서 9년 동안의 섭정에서 물러난 후부터는 전하께서 직접 나랏일을 결정하고 있습니다. 비록 대왕대비께서는 성실하고 뜻이 깊다고 해도, 문이 겹겹이 달린 궁궐에서만 살아와 세상 물정을 알지 못하는 과부(寡婦)에 지나지 않습니다. 또한 전하께서는 임금의 책무를 알지 못하는 어린아이일 뿐이니, 다만 돌아가신 선왕의 외로운 자식에 지나지 않습니다.⓬

❿ **문정왕후(文定王后)** 1501-1565 : 중종(中宗)의 계비(繼妃)이자 명종(明宗)의 어머니이다. 열두 살의 나이로 왕위에 오른 명종을 대신하여 명종이 즉위할 때부터 1553년 7월까지 9년 동안 섭정을 펼쳤다. 명종이 친정을 펼치기 시작한 이후에도 막강한 영향력을 행사했다. 섭정을 펼칠 때 동생 윤원형(尹元衡)과 함께 을사사화(乙巳士禍), 양재역벽서사건(良才驛壁書事件) 등을 일으켜 수많은 선비들을 죽였다. 승과인 도첩제를 실시하고 300여 개소의 사찰을 공인하는 등 숭불 정책을 펼쳤다.

❶ **사정전(思政殿)**: 임금이 평상시에 거처하면서 신하들과 함께 국정을 논의하던 편전(便殿)이다.
❷ 조식이 「을묘사직소」를 올린 1555년에 명종(明宗)의 나이는 스물두 살이었다. 그러므로 조식이 명종을 어린아이(幼沖)라고 말한 것은 어색하다. 조식은 "명종이 임금의 책무를 제대로 감당하지 못한다"는 점을 말하기 위해 '어린아이'라는 말을 쓰고 있는 것이다.

대왕대비를 과부라 하고 전하를 어린아이라 하면, 공손하지 못하다 하여 신에게 죄를 물을 수 있을 것입니다. 그러나 송나라의 장재(張載)❸는 이런 말을 한 적이 있습니다. "잠깐 동안이라도 천명(天命)이 끊어지지 않는다면 이는 여전히 임금이고 신하이다. 당장이라도 천명이 끊어진다면 이는 다만 '외로운 사내(獨夫)'일 뿐이다."❹ 또 『논어』에 "모난 술잔이 모나지 않으면 모난 술잔인가, 모난 술잔인가?"라는 말이 나오는데, 정자(程子)❺는 이 말을 "임금이 임금의 도를 잃는다면 임금이라고 할 수 없다"는 뜻으로 풀이합니다.❻ 그렇다면 지금 하늘의 뜻은 떠났고 백성의 마음 또한 흩어졌으니 전하를 어찌 임금이라 할 수 있겠습니까? 대왕대비를 어찌 대왕대비라 할 수 있겠습니까?

❸ **장재(張載)** 1020-1077 : 송나라 때의 유학자이다. 주돈이, 정명도, 정이천, 주희 등과 함께 송나라 성리학을 완성한 오현(五賢)으로 일컬어진다. 유가와 도가의 사상을 조화시켜, 우주의 본체는 기(氣)라는 사상을 전개했다. "종일토록 방 안에 단정히 앉아서 서적을 좌우에 늘어놓고는, 머리 숙여 읽고 우러러 생각하면서 터득한 것이 있으면 그것을 기록했다 (終日危坐一室 左右簡編 俯而讀 仰而思 有得則識之)"고 한다. 자는 자후(子厚), 호는 횡거(橫渠)이다. 장자(張子)라는 존칭으로 불린다.
❹ 『맹자집주(孟子集註)』「양혜왕(梁惠王)」하편에 이와 같은 장재의 말이 나온다. "― (一日之間 天命未絶則是君臣 當日命絶則爲獨夫)" 여

기서 독부(獨夫)는 '인심을 잃어 다른 사람의 도움을 받지 못하고 외롭게 떨어져 지내는 남자'를 뜻한다.

❺ 정자(程子) : 송나라 유학자 정명도(程明道)와 정이천(程伊川)은 형제이다. 정자는 이 형제를 마치 한 사람인 것처럼 높여 부르는 존칭이다. 두 사람이므로 이정자(二程子)라고도 한다.

❻ 『논어』「옹야(雍也)」편에 "모난 술잔이 모나지 않으면 모난 술잔인가, 모난 술잔가? (觚不觚 觚哉觚哉)"라는 말이 나온다. 정자(程子)는 이 말을 다음과 같이 풀이한다. "모난 그릇이 그 모양과 규격을 잃는다면 모난 그릇이 아니다. 하나의 그릇을 들어 세상의 모든 물건이 그렇지 않음이 없다는 점을 말한 것이다. 그러므로 임금이 임금의 도를 잃는다면 임금이라고 할 수 없다. 신하가 그 신하의 직분을 잃는다면 거짓으로 자리만 차지하고 있는 것이다. (程子曰 觚而失其形制 則非觚也 擧一器 而天下之物 莫不皆然 故君而失其君之道 則爲不君 臣而失其臣之職 則爲虛位)"(『논어집주』)

신을 '가시 울타리 안에 가두는 위리안치(圍籬安置)'❼ 따위는 두렵지 않습니다. 무엇이 두렵겠습니까? 그러나 신은 "조마조마하기가 썩은 새끼줄로 여섯 마리의 말을 모는"❽ 것과 같습니다. 백 가지 천 가지로 내리는 하늘의 재앙을 무엇으로 당해 낼 수 있겠습니까? 억만 갈래로 흩어진 민심을 어떻게 수습할 수 있겠습니까?

❼ 위리안치(圍籬安置)는 유배된 죄인이 거처하던 집 주변에 가시 울타리를 치고 죄인을 달아나지 못하도록 하는 일을 말한다.

❽ 『서경』「오자지가(五子之歌)」편에 다음과 같은 말이 나온다. "내가 모든 백성을 대함에 조마조마함을 느끼는 것이, 마치 썩은 새끼줄로 여섯 마리의 말을 모는 것과 같다. 백성의 윗사람 노릇하는 자가 어찌 삼가지 않겠는가? (予臨兆民懍乎 若朽索之馭六馬 爲人上者 奈何不敬)"

川渴雨粟其兆伊何
音哀服素形象已著

當此之時
雖有才兼周召
位居鈞軸
亦末如之何矣
況十微身材如草芥者乎
上不能持危於萬一
下不能庇民於絲毫
爲殿下之臣
不亦難乎

若賣斗筲之名
而賭殿下之爵
食其食而不爲其事
則亦非臣之所願也

此所以難進者二也

냇물이
끊기고
낟알 비가
내리는 일은
그 조짐이
무엇
이겠습니까?

냇물이 끊기고 낟알 비(雨穀)가 내리는 재앙은 역사책에나 나오는 일인 줄 알았습니다. 그런데 이런 일이 지금 우리나라에서도 일어나고 있습니다. 지난해(1554년) 11월 경상도에서는 낙동강 상류의 물이 끊겨졌습니다.❶ 또 지난해 2월에는 경기도와 경상도에서 낟알 비가 내렸습니다.❷ 그렇다면 이와 같은 일은 그 조짐이 무엇이겠습니까?❸

❶ 조식이 이 상소를 올리기 전인 1554년 겨울에 낙동강 상류가 끊어지는 일이 있었다. 『명종실록』 명종9년(1554년) 11월 13일 기사에 다음과 같은 기록이 있다. "경상도 군위현(軍威縣)에서 낙동강 상류인 칠천탄(漆遷灘)의 물이 끊어졌다. (慶尙道軍威 漆遷灘 斷流)" 이 기록에 대해 『명종실록』의 사관은 다음과 같이 사필(史筆)한다. "냇물이 끊어지는 것은 큰 변고를 암시하는 일이니 두려워하지 않을 수 있겠는가? (川流之斷 有以示大變也 可不懼哉)"

❷ 『명종실록』 명종9년(1554년) 2월 18일 기사에 다음과 같은 기록이 있다. "경기도와 경상도에 낟알 비가 내리는 이변이 있었다. (京畿慶尙 兩道 有雨穀之異)"

❸ 이 무렵의 자연 재해는 단지 물이 끊기거나 낟알 비가 내리는 일만이 아니었다. 가뭄, 홍수, 폭풍우, 찬비(冷雨), 지진, 유성 등이 해마다 반복하여 겹겹으로 나타났다. 『명종실록』 명종8년 윤3월 1일 기사에는 거듭되는 자연 재해에 대한 책임을 지고 삼정승이 면직을 요청하는 내용이 나온다. "근래 재변의 발생이 해마다 심해져서 금년의 가뭄이 작년보다 심하고 끝내는 하늘에서 낟알이 떨어지는 괴변까지 일어났습니다. 변변찮은 신들이 전하의 덕(聖德)을 잘 보좌하지 못하여 백성의 원망과 하늘의 노여움이 이런 극한까지 이른 것입니다. (近來災變之作 一歲甚於一歲 今年旱氣 尤甚於前年 終有雨穀之異 此等災異 專由於臣等無狀 不能輔助聖德 以致人怨天怒 至於此極)" 그러나 이 무렵은 지구 전체에 기온 저하 현상이 발생한 때였다. 서구 학계에서는 1600년을 전후한 시기에 나타난 '소빙기(little ice age) 현상'이 당시의 농산물 생산 감소와 전염병 유행에 영향을 미쳤다고 본다. 『조선왕조실록』을 분석한 우리나라 연구 중에도 1550년대부터 1670년대까지 빈번한 유성 낙하로 인한 기온 저하 현상이 나타났다는 내용이 있다.

옛날 주(周)나라❹에서는 유왕(幽王)이 즉위하자 도읍 주변의 물이 마르는 일이 있었습니다.❺ 그리고 이로부터 10년 후 주나라는 서쪽 오랑캐인 견융(犬戎)에게 패하며 몰락하고 맙니다. 『국어(國語)』의 「주어(周語)」❻는 이 일을 기록하면서 이렇게 말합니다. "나라는 반드시 산천에 의지하는 법이다. 산이 무너지고 물이 마르는 것은 장차 나라가 망할 징조이다. 물이 마르면 산은 반드시 무너진다. 만약 나라가 망한다면 10년을 넘지 않을 것이다."❼ 강물이 끊어지는 변고는 그 위망함이 참혹한 것입니다.

❹ **주(周)나라**는 기원전1046년부터 기원전256년까지 중국에 존재했던 왕조이다. 그러나 기원전771년 이전과 이후의 주나라는 같은 왕조라고 볼 수 없을 만큼 다른 위상을 가지고 있다. 기원전771년까지의 주나라는 봉건제를 바탕으로 중국 전체에 대한 통제력을 행사한 종주국(宗主國)이었다. 기원전1046년 무왕이 은(殷)나라를 멸망시키고 세웠으며, 유왕(幽王) 때인 기원전771년 견융(犬戎)의 침입과 함께 몰락했다. 이후 수많은 제후국이 끝없는 전쟁을 벌이는 춘추시대(春秋時代 : 기원전770-기원전403)가 시작되었다. 그러나 이로써 주나라가 아예 사라져 버린 것은 아니다. 유왕의 아들인 평왕(平王)이 기원전770년 몰락한 주(周)나라를 부흥시켜 그 명맥을 이었다. 주나라는 전국시대(戰國時代 : 기원전403-기원전221) 말인 기원전256년까지 존속했다. 그런데 이때의 주나라는 종주국으로서의 지위를 잃고 제후국들의 눈치나 보는 약소국에 지나지 않았다. 흔히 기원전771년까지의 주나라를 서주(西周)라 하고 그 이후의 주나라를 동주(東周)라 하여 구분한다.

❺ 유왕(幽王 : 기원전781-기원전771년 재위)은 주나라(西周)를 몰락시킨 왕이다. 향락과 주색에 빠져 정사를 돌보지 않았는데, 후궁 포사(褒姒)를 기쁘게 하려고 거짓 봉화를 올려 제후들을 소집한 일로 유명하다. 주나라의 수도인 호경(鎬京 : 섬서성 서안) 주변에는 경수(涇水)·위수(渭水)·낙수(洛水)의 삼천(三川)이 있었는데, 유왕이 왕위에 오른 이듬해에 이 삼천이 끊어지는 일이 있었다.

❻ 『국어(國語)』 : 춘추시대 8개국의 역사를 나라별로 기록한 책이다. 8개국은 주(周), 노(魯), 제(齊), 진(晉), 정(鄭), 초(楚), 오(吳), 월(越) 등이다. 「주어(周語)」는 이 가운데 주(周)나라의 역사를 기록한 것이다. 좌

구명(左丘明)이 지은 것으로 전해진다.

❼ 『국어(國語)』「주어(周語)」에 이와 같은 말이 나온다. "— (夫國必依
山川 山崩川竭 亡之徵也 川竭山必崩 若國亡不過十年)"

낟알 비가 내리는 일 또한 그렇습니다. 한(漢)나라❽의 고유
(高誘)❾는 "하늘이 장차 백성이 굶주릴 것을 알고 낟알 비를
내려준다"❿고 말한 적이 있습니다. 이 말들은 곧 물이 끊기고
낟알 비가 내리는 변고가 나라의 몰락을 암시하는 일이라는
것입니다.

❽ **한(漢)나라**는 기원전206년부터 서기220년까지 중국을 지배한 왕조이
다. 한고조 유방(劉邦)이 장안을 도읍으로 삼아 세웠으며, 유가 사상을
바탕으로 한 중국 문화의 기틀을 마련했다. 서기8년 왕망(王莽)이 세
운 신(新)나라에 의해 멸망당했다. 서기25년 광무제(光武帝) 유수(劉
秀)가 신나라를 무너뜨리고 한나라를 다시 세웠다. 신나라 이전의 한
나라를 전한(前漢)이라 하고 이후를 후한(後漢)이라 하여 구분한다.
❾ **고유(高誘)**: 한나라(後漢) 말기의 유학자이다. 인의(仁義)를 바탕으로
현자가 나라를 다스려야 한다고 주장했다. 『맹자고씨장구(孟子高氏
章句)』,『여씨춘추주(呂氏春秋注)』,『회남자주(淮南子注)』등의 책이
있다.
❿ 고유는 『회남자주』에서 다음과 같이 말한다. "창힐이 처음 새 발자
국 무늬를 본떠 문자를 만들자, 양심을 속여 거짓으로 꾸미는 일이 생
겨났다. 거짓으로 꾸미는 일이 생겨나자 근본을 버리고 말단을 뒤쫓으
며, 농사짓는 일을 버리고 송곳 끄트머리처럼 작은 이익을 구하기 시
작했다. 이에 하늘은 장차 백성이 굶주릴 것을 알고 낟알 비를 내려주
었다. (蒼頡始視鳥迹之文 造書契 則詐僞萌生 詐僞萌生 則去本趨末
棄耕作之業 而務錐刀之利 天知其將餓 故爲雨粟)"

뿐만이 아닙니다. 백성이 부르는 노랫소리가 점점 애절해 지
고 있습니다. 고을마다 흰색 옷을 입은 이들이 날이 갈수록 늘
어나고 있습니다. 『예기(禮記)』에서는 "망해가는 나라의 음

악은 애처롭고 근심스러우니 그 백성이 곤곤하기 때문이다"
라고 말합니다.❶ 그리고 『주례(周禮)』❷에서는 "큰 역병이
돌고 큰 기근이 들고 큰 재해가 나면 흰색 옷을 입는다"❸고
말합니다. 노랫소리가 애절해지고 흰색 옷이 늘어나는 까닭은
묻지 않아도 알 수 있는 것입니다.

❶ 『예기(禮記)』「악기(樂記)」에 다음과 같은 말이 나온다. "다스려진 세
상의 음악은 편안하고 즐거우니 그 정치가 화평한 덕택이다. 어지러운
세상의 음악은 원망하고 분노하니 그 정치가 괴팍한 까닭이다. 망해가
는 나라의 음악은 애처롭고 근심스러우니 그 백성이 곤곤하기 때문이
다. (治世之音安以樂 其政和 亂世之音怨以怒 其政乖 亡國之音哀以
思 其民困)"
❷ 『주례(周禮)』: 주(周)나라 왕실의 관직 제도와 전국시대 각국의 제도
를 기록한 책이다. 관직을 천관(天官), 지관(地官), 춘관(春官), 하관
(夏官), 추관(秋官), 동관(冬官) 등의 여섯 부류로 구분하고 각각의 직
무를 서술했다. 이와 같은 여섯 부류의 관직 구분은 이후 중국을 비롯
한 한문자(漢文字) 국가에서 관직 제도의 기준으로 여겨졌다. 곧 이
(吏)·호(戶)·예(禮)·병(兵)·형(刑)·공(工)의 육부나 육조는 이 『주
례』의 여섯 부류를 기준으로 한 것이다. 이 책은 『예기(禮記)』, 『의례
(儀禮)』와 함께 삼례(三禮)로 일컬어진다.
❸ 『주례』「춘관사복(春官司服)」에 이와 같은 말이 나온다. "― (大札大
荒大災 素服)" 한나라(後漢) 말기의 유학자 정현(鄭玄)은 이 말을, "임
금과 신하가 화려하지 않은 흰색 옷을 입고 흰색 모자를 쓴다(君臣素
服 縞冠)"고 풀이한다.

그렇다면 어떻게 해야 이 위태로움을 감당할 수 있겠습니까?
어떻게 해야 백성을 지킬 수 있겠습니까? 크고 작은 그릇을 만
드는 일은 모두 물레(鈞)를 돌림으로 말미암고, 수레를 앞으로
나아가도록 하는 일은 모두 수레바퀴의 굴대(軸)를 굴림으로
말미암습니다. 곧 걸출한 인재가 '물레와 굴대(鈞軸)'로서 나
라를 움직일 수 있는 자리에 있어야 한다는 것입니다.❹ 걸출

한 인재라면 주나라의 주공(周公)❶과 소공(召公)❶ 같은 분이
라야 합니다. 옛날 주나라의 무왕(武王)❶은 주공과 소공의 도
움으로 폭군 주왕(紂王)❶의 정치를 끝낼 수 있었습니다. 주공
과 소공은 또 무왕이 죽은 후 어린 성왕(成王)이 왕위를 물려
받았을 때 성왕을 대신해 나라를 다스렸습니다. 이를 통해 주
나라의 예악(禮樂)❶을 정비하며 나라의 기반을 닦는 데 큰 공
을 세웠습니다.

❶ **위거균축(位居鈞軸)**을 풀이한 것이다. 균축(鈞軸)의 균(鈞) 자는 도자
기 돌림판을 돌리는 물레를 말하고 축(軸) 자는 수레의 굴대를 말한다.
균축이라고 하면 물레와 굴대처럼 실권을 가지고 국정을 맡아 다스리
는 정승이나 재상을 가리킨다.

❶ **주공(周公)** : 공자가 존경해 마지않았던 인물이다. 기원전1046년 세워
진 주(周)나라의 재상이다. 주나라 문왕(文王)의 아들이며 무왕(武王)
의 동생이다. 형인 무왕의 신하로서 은(殷)나라를 멸망시키고 주나라
를 세웠으며, 조카인 성왕(成王)을 도와 주나라의 예악(禮樂)을 정비
했다. 주나라로부터 제후국인 노(魯)나라를 분봉 받았다. 성은 희(姬),
이름은 단(旦)이다. 흔히 주공단(周公旦)이라고 한다.

❶ **소공(召公)** : 기원전1046년 세워진 주(周)나라의 재상으로, 능력 있는
재상의 대명사와도 같은 인물이다. 주나라 문왕의 아들로, 형인 무왕
과 주공을 도와 은(殷)나라를 멸망시키고 주나라를 세웠으며, 조카인
성왕을 도와 주나라의 기반을 닦았다. 주나라의 서쪽을 다스렸다. 성
은 희(姬), 이름은 석(奭)이다. 흔히 소공석(召公奭)이라고 한다.

❶ **무왕(武王)** 기원전1043년 사망 : 기원전1046년 은나라를 멸망시키고
주나라를 세운 인물이다. 강태공(姜太公), 주공(周公), 소공(召公)을
중용했으며 800여 제후들의 회맹을 이끌었다. 4만5천 명의 군사를 이
끌고 주왕(紂王)의 70만 대군을 물리쳤다. 주나라를 세운 후에는 도읍
을 호경(鎬京 : 현재의 섬서성 안)으로 옮겼으며, 왕족과 공신들을 각
지역의 제후로 봉(封)해 다스리도록 하는 봉건제를 실시했다. 무왕이
세운 주나라는 이 봉건제를 바탕으로 춘추시대 이전까지 중국을 지배
했다. 성은 희(姬), 이름은 발(發)이다. 문왕(文王) 희창(姬昌)의 둘째
아들이므로 중발(仲發)이라고도 한다.

❶ **주왕(紂王)** 기원전 1046년 사망 : 은(殷)나라의 마지막 왕이다. 방탕
한 생활로 백성의 원성을 샀다. 술로 가득 채운 연못에서 나무에 고기

를 매달아 놓고 따 먹으며 애첩과 함께 즐거워했다는 주지육림(酒池肉林)의 고사로 유명하다. 폭군의 대명사와도 같은 인물이다.

❶⓳ **예법과 음악(禮樂)**은 곧 정치, 문화, 사회, 경제를 포괄하는 국가 지배수단 전체를 가리키는 것이다. 유학자들은 예법과 음악으로 백성을 교화함으로써 이상적인 세상을 실현할 수 있다고 보았다.

그러나 지금은 하늘의 재앙이 이미 분명하게 그 형상을 보여주고 있습니다. 이와 같은 때라면 주공과 소공의 능력을 함께 갖춘 이가 나라를 움직이는 물레와 굴대 자리에 있다 하더라도 어찌할 방법을 찾기 힘들 것입니다. 재주가 지푸라기처럼 보잘것없는 신과 같은 자라면, 하물며 열 명이 있다 한들⓴ 무슨 방법이 있겠습니까? 신은 위로는 만 가지 중 한 가지라도 나라의 위태로운 사태를 붙잡아 일으켜 세울 비책을 가지고 있지 못합니다. 아래로는 털끝만큼이라도 백성을 감싸줄 수 있는 능력을㉑ 가지고 있지 못합니다. 그렇다면 전하의 신하로 일하기에는 곤란하지 않겠습니까?

⓴ **황십미신(況十微身)**을 풀이한 것이다. 황십미신(況十微身)은 남아 있는 『남명집』 판본 중 가장 오래 된 '병오본(丙午本 : 1606년 판본)'을 따른 것이다. 그러나 황십미신은 이후의 『남명집』 판본에서는 대부분 '황일미신(況一微身)'으로 나온다. 기존의 번역본에서는 이를 받아들여 '더구나 한 미천한 신이' 또는 '하물며 한 보잘것없는 몸으로' 등으로 풀이한다. '미신(微身)'은 자기 자신을 낮추어 말하는 겸사이다.

㉑ **비민어사호(庇民於絲毫)**를 풀이한 것이다. 비민(庇民)은 백성을 감싸 안는 것처럼 편들어 주고 보호해 주는 일을 말한다.

그런데 지금 우리나라에는 능력도 없는 자들이 간장종지만 한 명성을 팔아 마치 노름판에서 판돈을 탐내듯 전하의 녹봉을 노리고 있습니다. 그러나 녹봉은 곧 백성의 피와 땀이니 함부로 가져갈 수 있는 것이 아닙니다. 춘추시대 초(楚)나라의 투자문(鬪子文)❷은 초성왕(楚成王)이 녹봉을 줄 때마다 달아났다가 녹봉을 주지 않으면 다시 돌아오곤 했습니다. 사람들이 녹봉을 줄 때마다 달아나는 이유를 묻자 이렇게 대답했습니다. "정치에 참여하는 것은 백성을 보호하기 위해서입니다. 백성은 재물이 텅 빈 자들이 많은데 내가 넉넉한 부(富)를 취하면 이는 백성을 수고롭게 하는 것입니다. 그리고 이는 나를 곧 죽게 만드는 일입니다. 그러므로 나는 죽음으로부터 달아나는 것이지 녹봉으로부터 달아나는 것이 아닙니다."❸

❷ **투자문(鬪子文)** 기원전708-기원전626 : 춘추시대 초(楚)나라의 영윤(令尹)을 지냈던 인물이다. 영윤 자리를 세 번 사양하고 떠났는데, 모든 재산을 백성을 구휼하는 데 사용했으므로 집안에는 남아 있는 재산이 없었다. 초나라에서 영윤은 최고의 직위였다.

❸ 『국어』「초어(楚語)」에 이와 같은 말이 나온다. "― (夫從政者 以庇民也 民多曠者 而我取富焉 是勤民以自封也 死無日矣 我逃死 非逃富也)" 초성왕은 먹을거리가 없는 투자문을 위해 매일 아침 말린 고기 한 묶음과 양식 한 광주리를 보내 주었다고 한다.

헛이름을 팔아서 녹봉을 얻기만 하고 마땅히 해야 할 일을 하지 못한다면 이는 또한 신이 원하는 바가 아닙니다. 신이 벼슬하러 나가기 어려워하는 두 번째 이유는 바로 이것입니다.

且臣近見邊鄙有事
諸大夫旰食

臣則不自爲駭者
嘗以爲此事
發自二十年之前
而賴殿下神武
於今始發
非出於一夕之故也

平日
朝廷以貨用人
聚財而散民
畢竟將無其人
而城無軍卒
賊入無人之境
豈是怪事耶

전라도
남해안에서
일어난
달량포왜변은
갑작스러운
변고가
아닙니다

신은 또, 요즈음 시름겨워하는 일에 대해 감히 더 아뢰고자 합니다. 지난 봄(1555년 5월) 왜구가 우리나라 남해안 일대를 침탈하는 일이 있었습니다. 왜구들은 전라도 영암군(靈巖郡) 달량포(達梁浦)❶ 일원으로 왜선 70여 척을 이끌고 침입한 후 우리 백성을 죽이며 노략질을 일삼았습니다.❷ 이에 요직의 벼슬아치들❸이 해가 진 뒤에야 저녁밥을 먹을 정도로 황급하게 움직였습니다.❹

❶ **영암군(靈巖郡) 달량포(達梁浦)** : 달량포는 현재의 전라남도 해남군 북평면 남창리 일원이다. 이곳은 조선시대에는 영암군(靈巖郡)에 속해 있었다. 영암군은 현재의 영암군, 해남군, 완도군에 걸쳐 남북으로 길게 자리잡고 있었던 고을이다. 현재의 영암군 영암읍·군서면·덕진면·도포면·미암면·삼호면·서호면·시종면 일부·신북면·학산면과 함께, 해남군의 옥천면·북일면·북평면·송지면 등지를 포함하고 있었다. 현재는 완도군에 속해 있는 보길도와 소안도 일대 섬들 또한 영암군이었다.

❷ 1555년 5월 일어난 **달량포왜변(達梁浦倭變)**을 말한다. 5월 11일 전라도 영암군 달량포로 침입한 왜선 70여 척 규모의 왜구가 5월 25일까지 24일 동안 전라도 남해안 지방을 휩쓸고 다니며 식량과 무기를 약탈했다. 왜선 70여 척 규모의 왜구는 적어도 6천 명 이상이었을 것인데, 왜구의 규모를 오판한 조선군은 왜구 침입 초기 제대로 싸워보지도 못하고 달량성을 빼앗기는 등 큰 수모를 당했다. 조선군은 전주부윤 이윤경(李潤慶)이 영암성에서 활약하면서 전세를 뒤집은 이후에야 왜구를 물리칠 수 있었다. 을묘왜변(乙卯倭變)이라고도 한다.

❸ **요직의 벼슬아치**는 대부(大夫)를 풀이한 것이다. 대부는 우리나라를 비롯한 한문자(漢文字) 국가에서 관직의 등급을 나타내던 명칭이었다. 흔히 경(卿)의 아래, 사(士)의 위 관직을 말했다. 조선시대에는 정일품에서 종사품에 이르는 품계 명칭 뒤에 '대부'라는 말을 붙였다.

❹ 간식(旰食)을 풀이한 것이다. 간식은 제때에 밥을 먹지 못하고 항상 늦게 먹는다는 뜻이다. 『춘추좌씨전』소공(昭公) 20년 조에, "초(楚)나라 임금이나 대부가 아마 밥도 늦게야 먹게 될 것이다 (楚君大夫 其旰食乎)"라는 말이 나온다

이 왜구의 침탈에 벼슬아치들은 화들짝 놀라 허둥거리는 모습이었습니다. 그러나 신은 이처럼 소란스러운 상황이 조금도 놀랍지 않았습니다. 이와 같은 일은 이미 20년 전에도 일어날 가능성이 있었습니다. 그런데 전하께서 '공격하지 않는 신묘한 무력(神武)'❺으로 친화 정책을 펼친 탓에 지금에 이르러 실제로 이런 일이 일어나고 말았습니다.❻ 전하께서는 공격하지 않고 은덕을 베풀고자 하였으나 왜구는 굴복하지 않고 오히려 우리나라를 얕보며 함부로 날뛰고 있는 것입니다.❼ 그러므로 지금 바야흐로 왜구의 침탈이 일어나는 것은 하루아침에 갑자기 생겨난 변고라고 할 수 없습니다. 신이 조금도 놀라지 않는 까닭은 바로 이것입니다. 더욱 더 큰 문제는 "우리가 왜구를 격퇴할 힘을 과연 가지고 있는가?" 하는 점입니다.

❺ 신무(神武)를 풀이한 것이다. 신무(神武)는 '공격하지 않고도 적을 굴복시키는 힘'을 말한다. 『주역』「계사상전(繫辭上傳)」에 다음과 같은 말이 나온다. "길한 일과 흉한 일에 백성과 더불어 근심한다. 신묘함으로써 다가올 미래를 알고 지혜로움으로 지나간 과거를 갈무리한다. 그 누가 여기에 참여할 수 있겠는가? 옛날에 귀 밝고 눈 밝으며 슬기로운 지혜를 가지고 있었던 분일 것이다. 신묘한 무력으로 사람을 죽이지 않았던 분일 것이다. (吉凶 與民同患 神以知來 知以藏往 其孰能與於此哉 古之聰明叡知 神武而不殺者夫)"

❻ 뢰전하신무(賴殿下神武)와 어금시발(於今始發)을 풀이한 것이다. 기존의 「을묘사직소」번역은 대부분 이 구절을, "전하의 신무 덕분에 지금에서야 비로소 터졌다"는 뜻으로 풀이한다. 그러나 조식은 어정쩡한 친화(親和) 정책으로는 왜구를 통제할 수 없다고 생각했다. 교화해야 한다거나 호통을 쳐 달아나도록 해야 한다는 식의 논리로는 왜구의 침탈을 막을 수 없다고 여긴 것이다. 조식은 실질적으로 왜구를 방비하고 격퇴(擊退)할 수 있는 강력한 대책이 필요하다고 보았다. 그리고 신무(神武)라는 말은 '공격하지 않고도 적을 굴복시키는 힘'을 뜻한다. 이에 이번 번역에서는, 조식이 신무라는 말을 통해 '공격하지 않는 왜구 방비책'이 얼마나 비현실적인 것인지 비판하고자 한 것이라고 풀이한다. 조식은, '신무 덕분'이 아니라 '신무 탓'에 이런 일이 일어났다고

말하고자 했다는 것이다.

❼ 조식은 「왜구 대책 문제(策問題)」에서 왜구에 대해 다음과 같이 말한다. "품어 주고 길러 주는 은혜는 날로 더해 가는데도 제멋대로 날뛰어 비할 수 없는 재난을 일으킨다. 아무 까닭 없이 우리 장수를 죽이고 간사한 생각을 품고서 우리 임금의 위엄을 떨어뜨린다. (卵育之恩有加而跳梁之禍無比 無故而殺元帥 懷詐而干主威)"

이와 같은 일이 일어난 가장 근본적인 원인은 우리 조정이 평소에 재물을 받고 사람을 쓰는 데 있습니다. 『한비자(韓非子)』❽에서는 "권세 있는 자를 통해 관직을 구하고 재물을 가지고 녹봉을 구하면 나라가 망할 것이다"❾라고 말합니다. 재물로 관직을 구할 수 있다면 현명한 인재들은 반드시 관직을 구차하게 여길 것이고, 유능한 인재들은 게으름을 피우며 해야 할 일을 하지 않을 것입니다. 『대학(大學)』에서는 또 이렇게 말합니다. "덕(德)은 근본적인 것이고 재물은 말단에 해당하는 것이다. 그런데 근본을 중요하게 생각하지 않고 말단을 중요하게 생각하면 재물을 빼앗기 위해 백성과 다툴 것이다. 이런 까닭에 재물을 모으면 백성이 흩어지고 재물을 나누면 백성이 모인다."❿ 그런데도 우리 조정에서는 권간(權奸)들⓫이 부당하게 관직을 팔아 재물을 취하고 있는 것입니다.⓬ 권세 있는 자들이 재물을 취하는데 어찌 백성이 남아 있길 바라겠습니까?

❽ 『한비자(韓非子)』: 법가(法家) 사상을 집대성한 한비(韓非 : 기원전 233년 사망)의 책이다. 유가의 인의(仁義)와 묵가(墨家)의 겸애(兼愛)를 비현실적인 것으로 비판한다. 전국시대(戰國時代 : 기원전403-기원전221)와 같은 약육강식의 시대에는 오히려 군주의 관료 통제술, 엄격한 법치주의의 적용, 군주의 위세 등이 나라를 다스리는 비결이라고 주장한다. 간신들의 권모술수가 왕권 통치에 얼마나 위협적인지를 집

중적으로 논의한다. 중국을 통일한 진시황(秦始皇)에게 큰 영향을 미쳤다. 한비는 한나라(韓 : 하남성에 있었던 나라)의 왕족으로 순자(荀子)에게서 배웠다.

❾ 『한비자(韓非子)』「망징(亡徵 : 나라가 멸망할 징조)」편에 이와 같은 말이 나온다. "― (官職可以重求 爵祿可以貨得者 可亡也)"

❿ 『대학』「전십장(傳十章)」에 이와 같은 구절이 나온다. "― (德者本也 財者末也 外本內末 爭民施奪 是故 財聚則民散 財散則民聚)" 이 구절에서 쟁민시탈(爭民施奪)은 보통 주희의 주해를 따라 다음과 같이 번역한다. "백성을 다투게 하여 빼앗는 것을 가르치는 것이다." 그런데 조선 후기의 유학자 정약용(丁若鏞)은 쟁민시탈을 "권력자가 백성과 서로 다투며 억지로 주기도 하고 억지로 빼앗기도 하는 것이다 (與民相爭 强施而强奪之)"라고 풀이한다. 이번 번역에서는 이를 참조하여 "백성과 다투며 재물을 빼앗는다"는 뜻으로 풀이한다.

⓫ 권간(權奸)은 권력을 가진 간사한 신하를 말한다. 명종 즉위 이후 을사사화(乙巳士禍)를 일으켜 선비들을 죽이고 권력을 차지한 윤원형(尹元衡), 이기(李芑) 등을 이 시대의 권간이라고 말할 수 있을 것이다.

⓬ 『명종실록』명종6년(1551년) 10월 24일 기사에 권간 이기를 탄핵하는 상소(箚子)가 있다. 이 상소에 다음과 같은 내용이 나온다. "관직과 작위는 국가의 귀중한 그릇입니다. 그런데 오로지 재물을 가지고 이것을 구하는 자들이 이기의 집 앞에서 문전성시를 이룹니다. (官爵 國家之名器 而惟貨是求 桃李盈門)" 또 『명종실록』명종20년(1565년) 8월 14일 기사에 권간 윤원형의 죄악을 지적하는 상소(封事)가 있다. 이 상소에 다음과 같은 내용이 나온다. "관직을, 뇌물을 받고 제수하는데 벼슬의 높고 낮음은 윤원형의 청탁에 따라 줍니다. (官以賂授 崇卑視其請囑)"

결국에는 우리 장수 가운데 지략과 용맹을 갖춘 자가 없었습니다. 전라도 병마절도사를 비롯한 각 고을의 수령들은 제대로 싸워보지도 못하고 죽임을 당하거나 간신히 목숨만 건져 달아났습니다.⓭ 또한 성 안에는 싸울 군졸조차 남아 있지 않았습니다.⓮ 게다가 병선도 부족하고 총통도 없는데, 남아 있는 무기조차 쓸 수 없는 것이 대부분이었습니다.⓯ 그래서 왜구가 아무 거칠 것 없이 무인지경(無人之境)으로 들어오듯 했습니다.❶❻ 그렇다면 이것이 어떻게 괴이한 일이라고 할 수 있겠습니까?

❶❸ 1555년 5월의 달량포왜변 초기, 전라도 병마절도사 원적(元績)은 왜구의 세력을 오판함으로써 달량성을 내주고 말았다. 원적은 장흥부사 한온(韓蘊)과 함께 달량성에서 전사했고, 이때 함께 있었던 영암군수 이덕견(李德堅)은 왜구에게 항복해 포로로 잡히는 수모를 당했다. 또 달량성을 지원하고자 했던 전라우도 수군절도사 김윤(金贇), 진도군수 최린(崔潾) 등은 간신히 도망쳤다.

❶❹ 당시 서리들이 뇌물을 받고 거짓으로 군적을 작성하는 경우가 많았다. 『명종실록』 명종9년(1554년) 11월 25일 기사에 다음과 같은 기록이 나온다. "군적을 만들 때 아랫사람들이 갖가지 술책을 썼다. 죽은 자를 산 자로 만들기도 하고 산 자를 죽은 자로 만들기도 했다. 뿐만 아니라 불치병을 앓는 자, 발이 없는 자, 눈이 없는 자까지도 모두 군적에 올려놓았다. (軍籍之時 下人等百端用術 非徒以死爲生 以生爲死 至如廢疾如無足無目之人 幷皆定役)" 문서상의 편제에는 존재하는 병력이 실제로는 존재하지 않았으므로 심각한 병력 공백 문제가 나타났다.

❶❺ 『명종실록』 명종10년(1555년) 5월 16일 기사에 다음과 같은 기록이 나온다. "지금 동철이 모자라 총통을 마련하기 어려운데 미리 준비하지 않는다면 후회해도 소용없을 것이다. (今也銅鐵匱乏 銃筒難備 備之不預 悔之無及)" "흉년이 들어 군졸들이 피폐해졌고 각 포구의 병선이 부족해 왜구가 쳐들어오면 수군으로는 싸울 수 없다. (凶荒 軍卒殘弊 各浦兵船不足 倭寇之來 不可以舟師戰)"

❶❻ 달량포왜변에서 왜구는 기만, 포위, 매복 등을 적절히 활용하는, 조선군을 능가하는 전술적 역량을 보여주었다. 그리고 이와 같은 역량을 바탕으로 5월 11일부터 5월25일까지 영암군을 비롯해 해남현, 강진현(康津縣), 장흥부, 진도군 등지를 마음껏 휩쓸고 다녔다.

此亦對馬島倭奴
陰結向導
作爲萬古無窮之辱
而王靈不振
若崩厥角
是何

待舊臣之義
或嚴於周典
而寵仇賊之恩
反如於亡宋耶
視以世宗之南征
成廟之北伐
則孰如今日之事乎

然若此者
不過爲膚革之疾
未足爲心腹之痛也

우리는
세종대왕 때
대마도를
정벌했던
나라입니다

영암군 달량포로 올라와 인근 고을을 약탈한 왜구들은 군량미를 요구하는 한편 서울로 올라가겠다며 윽박지르기까지 했습니다.❶ 이번 왜구의 침탈에서는 또한 이전까지 우리나라에 대한 충절을 다짐하던 대마도(對馬島) 왜인들이 몰래 결탁하여 앞잡이 노릇을 했습니다.❷ 이는 앞으로도 오랫동안 씻지 못할 나라의 큰 치욕입니다.

❶ 『명종실록』 명종10년(1555년) 5월 19일 기사에 다음과 같은 말이 나온다. "왜구들은 이미 오래 전부터 원한을 품어 왔다. 이에 복수하고자 하여 이번에 세력을 크게 모아 쳐들어온 것이다. 그런데 이들은 심지어 서울까지 북진하겠다고 윽박지르며 우리나라를 위협하고 있다. 국가의 치욕스러움이 이보다 더 클 수는 없다. (倭寇結怨已久 欲爲復讎 大擧而來 至發要到京城之語 恐動我國 國家之辱 莫大於此)"

❷ 달량포왜변은 이른바 '황당선 왜구'에 의해 발생한 것이다. 이 황당선 왜구는 명나라 및 조선 해안에서 정체불명의 '황당선(荒唐船)'을 타고 다니며 해적 활동을 벌인 다국적 해적단 성격의 왜구이다. 명나라 상인, 고토열도(五島列島) 및 시코쿠(四國)의 왜인 등 다양한 국가 출신의 해적이 여기에 가담하고 있었다. (이들 왜구를 이전 시기의 왜구와 구분하여 '후기 왜구'라 부르기도 한다.) 달량포왜변은 대마도 왜인들이 주도적 역할을 했던 이전 시기의 삼포왜란(三浦倭亂 : 1510년)이나 사량진왜변(蛇梁鎭倭變 : 1544년)과는 그 주체가 달랐던 것이다. 당시의 조정은, 대마도 왜인들이 달량포왜변에 가담하지 않았다고 판단했다. 그러므로 대마도 왜인들이 앞잡이 노릇을 했다는 조식의 말은 조정의 판단과 다른 부분이 있다.

그런데도 전하께서는 강력한 힘을 떨쳐 보여주지 못했습니다. 대마도 왜인들이 왜구의 앞잡이 노릇을 했는데도 매년 하사하는 쌀과 허용하는 무역선의 규모를 확대해 달라는 대마도주(對馬島主)의 요청을 받아들여 주고자 한 것입니다.❸ 그러나 대마도주에게 하사하는 쌀과 무역선의 확대는 우리 백성에게도 부족한 식량을 대마도에 더해 주는 것입니다. 더욱이 이 일은 대마도주의 심부름꾼이 '노여워 한(發怒)'❹ 까닭에 갑자기 이루어진 일이라고 합니다. 그렇다면 이는 목을 쳐야 마땅할 대마도 왜인들에게, 오히려 짐승이 뿔을 땅에 대듯 굴복한 일이라고 할 수 있습니다.❺ 이것이 도대체 무슨 일이란 말입니까?

❸ '매년 하사하는 쌀'은 세종 때부터 매년 대마도주에게 하사한 세사미(歲賜米)를 말한다. 그리고 '허용하는 무역선'은 대마도주에게 왕래를 허용한 세견선(歲遣船)을 말한다. 세종 때 이후 세사미는 200석, 세견선은 5척이었는데 중종 때 삼포왜란(三浦倭亂 : 1510년)이 일어나자 이 규모를 절반으로 줄였다. 그런데 달량포왜변 이후 대마도주가 황당선 왜구의 목을 베어 보내며 요청하자 이를 다시 늘려 주었다.

❹ 『명종실록』 명종10년(1555년) 10월 30일 기사에 다음과 같은 말이 나온다. "지금 대마도주의 사신인 평조광(平調光)이 화를 낸다고 해서 갑자기 약조를 고쳐 세견선과 세사미를 더하는 것을 허락해서는 안된다. (今以平調光之發怒 不可遽改約條 許加歲遣船歲賜米也)"

❺ 약붕궐각(若崩厥角)을 풀이한 것이다. 『서경』「태서(泰誓)」편에 "백성이 몹시 두려워하여 머리를 조아려 그 뿔을 무너뜨려 땅바닥에 대듯 한다 (百姓懍懍 若崩厥角)"라는 말이 나온다.

이번에 왜구에 맞섰던 장수들 중에는 제때에 진격하지 못한 이들도 있고, 진격했으나 간신히 목숨만 부지하고 돌아온 이들도 있습니다. 뿐만 아니라 끝내 자신의 목숨을 잃은 이들도 있습니다. 그런데 이들이 성(城)과 백성을 지키지 못했다 하여 혹은 포승줄로 묶고 혹은 옥에 가두기도 했습니다. "죽었어도 죄가 남는다" 하여 전사한 이의 재산을 모두 몰수(籍沒)하기까지 했습니다.❻ 나라를 위해 오랫동안 일해 온 신하들을, 주나라의 예법보다 엄격한 원칙을 적용해 처벌한 것입니다.❼

❻ 『명종실록』 명종10년(1555년) 8월 19일 기사에 다음과 같은 내용이 보인다. "전라도 병마절도사 원적은 적은 군대를 이끌고 작은 달량성

에 들어갔다가 죽임을 당하기까지 했다. 죽었어도 남은 죄가 있다. (元績以孤軍入小城 至於見殺 死有餘罪矣)” 그러나 달량포왜변 이전까지 전라도 일대에 나타난 왜구의 규모는 보통 왜선 한두 척 정도이고 많아야 왜선 10척 안팎에 지나지 않았다. 그러므로 원적으로서도 갑자기 70여 척에 이르는 왜구가 침입할 것으로는 판단하기 어려웠다. 비록 원적이 적 세력을 오판하긴 했지만, “죽었어도 남은 죄가 있다”는 비난을 받을 정도는 아니었다는 것이다. 게다가 원적은 왜구의 침입 사실을 보고받고 신속하게 현장으로 출동해 왜구를 제압하고자 했다.

❼ ‘나라를 위해 오랫동안 일해 온 신하들’이란 ‘구신(舊臣)’을 풀이한 것이다. 그리고 주(周)나라 시대의 예법 제도는 곧 『주례』의 예법 제도를 말하는데, 이는 엄격하고 자세한 것으로 유명하다.

그렇지만 원수와도 같은 대마도 왜인들에게는 오히려 너그럽게 대했습니다. 이들 오랑캐들과 화친(和親)해야 한다거나 너그러운 은덕을 베풀어야 한다는 말이 나오고 있습니다. 옛날 춘추시대 송(宋)나라의 양왕(襄王)은 초(楚)나라와 전쟁을 벌였는데, “군자는 부상당한 적을 두 번 찌르지 않고 머리가 흰 노인을 공격하지 않는다”며 군자의 인(仁)을 주장하다가 패했습니다. 이후 사람들은 이를 ‘송나라 양왕의 인(宋襄之仁)’❽이라 하여 크게 비웃습니다. 그런데 지금 우리 조정에서는 대마도 왜인들을 배려하는 모습을 보여주고 있으니, 그 은혜가 ‘송나라 양왕의 인’보다 한 수 위라고 할 수 있습니다.

❽ 춘추시대에 송(宋)나라의 양왕(襄王)이 초(楚)나라와 전쟁을 벌일 때 이런 일이 있었다. 홍수(泓水)라는 이름의 강을 건너는 초나라 군대를 보고 송나라 장수들이 양왕에게 초나라 군대를 공격하자고 건의했다. 하지만 양왕은 이를 거절했다. 초나라 군대가 강을 다 건넜으나 아직 전열을 정비하지 못했을 때 장수들이 또 다시 공격하자고 건의했다. 하지만 양왕은 이를 다시 거절했다. “군자는 부상당한 적을 두 번 찌르지 않고 머리가 흰 노인을 잡지 않는다 (君子不重傷 不禽二毛)”며 군자의 인(仁)을 주장한 것이다. 결국 양왕은 이 전투에서 지고 목숨까지 잃었다. 이후 하찮은 인정을 베풀다가 큰일을 망치는 경우를 ‘송나라

양왕의 인(宋襄之仁)'이라 하며 비웃는다. 『춘추좌씨전』 희공(僖公) 22년 조에 이 이야기가 나온다.

우리나라는 세종대왕 때(1419년) 대마도를 정벌한 바 있습니다. 대마도 왜구가 충청도와 황해도 일대로 침입해 노략질을 일삼자, 우리 조정은 병선 200여 척을 대마도로 보내 왜구를 제압하고 우리의 위엄을 보였습니다.❾ 또한 성종대왕 때(1491년)는 함경도 일대를 침범한 여진족을 격퇴하기 위해 2만 명의 군사를 출병시킨 일이 있었습니다. 여진족 무리는 우리 군사가 온다는 소문만 듣고도 달아났습니다.❿ 그렇다면 지금에 이르러 왜구의 침탈에 와들와들 떨고 있는 것은 도대체 무슨 까닭입니까?

❾ **1419년의 대마도 정벌**을 말한다. 1419년 5월 대마도 왜구는 50여 척의 왜선을 이끌고 충청도 비인현(庇仁縣), 황해도 연평도 등지에 침입해 약탈을 일삼았다. 이에 조선의 조정은 대마도 정벌을 결정하고, 이종무(李從茂)를 삼군도체찰사(三軍都體察使)로 삼아 병선 227척과 군사 1만7천285명을 출정시켰다. 1419년 6월 19일 대마도로 출발한 조선군은 왜선 130여 척을 나포하고 100여 척을 불태웠으며 대마도 각지에 상륙해 왜구를 토벌하는 등 대승을 거두었다. 이후 대마도주가 "대마도를 조선의 주군(州郡)으로 편입시킨다"는 내용의 항복 의사를 표시함으로써 대마도 정벌은 마무리되었다.
❿ **1491년 10월의 신해북정(辛亥北征)**을 말한다. 여진 부족인 올적합(兀狄哈) 1천여 명이 영안도(永安道 : 함경도) 조산보를 침입하자 조선 조정은 출병을 결정했고, 북정도원수(北征都元帥) 허종(許琮)을 필두로 하여 무려 2만 명에 이르는 정벌군을 보냈다.

그러나 이러한 일들은 아직 피부에 생겨난 병에 불과합니다. 가슴과 배에 숨어 있는 치명적인 병은 아니라는 것입니다.

心腹之痛
痞結衝塞
上下不通
此乃卿大夫乾喉焦唇
而車馳人走者也

號召勤王
整頓國事
非在於區區之政刑
唯在於殿下之一心
汗馬於方寸之間
而收功於萬牛之地
其機在我而已

獨不知
殿下之所從事者何事耶
好學問乎
好聲色乎
好弓馬乎
好君子乎好小人乎
所好在是而存亡繫焉

전하가
좋아하여
따르고자 하는
일은
도대체
무엇입니까?

가슴과 배의 병은 열이 쌓이면서 체증이 생기거나(痞結) 기혈이 한곳에 몰려 막히는(衝塞) 병입니다.❶ 이런 병이 생기면 위와 아래가 차단되고 전후좌우가 서로 통하지 않습니다. 대신을 비롯한 요직의 벼슬아치들이❷ 입술이 까맣게 타들어가고 목이 심하게 마르는 것은❸ 이처럼 위와 아래가 끊어져 있기 때문입니다. 장수는 말을 타고 군졸은 달음박질쳐서 이리저리 분주하게 달려가야 하는 것은,❹ 이처럼 전후좌우가 서로 가로막혀 있기 때문입니다.

❶ **비결충색(痞結衝塞)**을 풀이한 것이다. 비결충색은 한의학에서 자주 쓰는 용어이다. 비결(痞結)은 열이 가슴에 쌓여 위장의 음식과 서로 부딪히기 때문에 장(腸)이 포만하여 기운이 원활하지 않은병을 말한다. 충색(衝塞)은 기혈이 한곳에 몰려 흩어지지 않고 막히는 병을 말한다. 울결(鬱結)과 같은 것으로 가슴과 배가 쥐어짜듯 아프고 답답하다.

❷ **경대부(卿大夫)**를 풀이한 것이다. 경은 삼정승에 다음 가는 고위직 관료 아홉 명, 곧 구경(九卿)을 말한다. 의정부의 좌참찬(左參贊)과 우참찬(右參贊), 육조(六曹)의 판서(判書)(이조판서, 호조판서, 예조판서, 병조판서, 형조판서, 공조판서), 한성부판윤(漢城府判尹) 등이다. 대부는 정일품에서 종사품에 이르는 고위직 관료의 품계 명칭에 붙이던 칭호이다.

❸ **건후초순(乾喉焦脣)**을 풀이한 것이다. 한의학에서는 입술이 타서 까맣게 변하는 증상을 순초(脣焦)라 하고, 목이 심하게 마르는 증상을 인건(咽乾)이라고 한다.

❹ **거치인주(車馳人走)**를 풀이한 것이다. 거치인주(車馳人走)는 전쟁터에서 장수와 사졸이 이리저리 분주하게 달려가는 모습을 나타내는 말이다. 『주례』「하관사마(夏官司馬) 편에 다음과 같은 말이 나온다. "이에 북이 울리면 수레에 탄 전차병은 빠르게 달려 나가고 보병은 달음박질쳐서 달려 나간다. 다시 신호가 가면 멈춘다. (乃鼓 車馳徒走 及表乃止)" 기존의 「을묘사직소」번역 중에는 이 구절을, "외적이 침입하였을 때 수레가 있는 사람은 급히 수레를 타고 피난을 가고 수레가 없는 사람은 달려간다"고 풀이한 경우도 있다

『설원(說苑)』❺에 이런 이야기가 나옵니다. "군자가 한 나라에 살면서 인의(仁義)를 중요하게 생각하지 않고 현명한 신하를 존중하지 않더라도 반드시 곧바로 망하는 것은 아니다. 그러나 어느 날 평범하지 않은 변고가 일어나면 장수는 수레에 올라 달려가고 군졸은 달음박질로 달려가 손짓하며 수습하려 해도 재앙이 닥친다. 화가 닥치고 나서야 비로소 목이 마르고 입술이 타들어 가서 하늘을 우러러 탄식한다. 하늘이 구원해 주지 않을까 하는 기대를 가진다 해도 또한 어렵지 않겠는가?"❻ 근본을 제대로 세우지 않으면 나중에 후회하고 근심하더라도 아무 소용이 없는 일입니다.

❺ 『설원(說苑)』: 옛날 임금, 현인들의 행적이나 일화를 담고 있는 책이다. 설원(說苑)은 "사람들을 설득하기 위한 이야기(說)를 모았다(苑)"는 말이다. 시시비비를 정하지는 않지만 유학의 이념을 반영하는 이야기를 주로 모았는데 특히 위정자를 훈계하는 내용이 많다. 「군도(君道)」, 「신술(臣術)」 등 20편으로 이루어져 있다. 한나라(前漢) 때 유향(劉向)이 편집했다.

❻ 『설원(說苑)』「건본(建本)」 편에 이와 같은 말이 나온다. "― (君子居於是國 不崇仁義 不尊賢臣 未必亡也 然一旦有非常之變 車馳人走 指而禍至 乃始乾喉燋脣 仰天而歎 庶幾焉天其救之 不亦難乎)"

흩어진 백성을 불러 모으는 일은 떳떳하지 못한 법과 명령에 있는 것이 아닙니다. 백성으로 하여금 임금에게 몸과 마음을 다해 헌신하도록 하는 것은 자질구레한 형벌과 강압에 있는 것이 아닙니다. 『논어(論語)』에 이런 말이 나옵니다. "명령으로 이끌면서 형벌로써 다스리면 백성은 형벌을 피하려고만 할 것이니 백성에게서 부끄러움을 아는 마음이 없어지고 말 것이다. 덕(德)으로 이끌면서 예(禮)로써 다스리면 백성은 부끄러워할 줄도 알고 결국은 선(善)에 이를 것이다."❼ 임금이 덕과

예를 바탕으로 정사를 펼치면 백성이 모두 믿고 마음으로부터 복종하며 정성을 다한다는 것입니다.

❼ 『논어』「위정(爲政)」편에 이와 같은 말이 나온다. "― (子曰 道之以政 齊之以刑 民免而無恥 道之以德 齊之以禮 有恥且格)"

그러므로 백성으로 하여금 나랏일에 힘쓰도록 하는 일은 오직 전하의 마음에 달려 있습니다. 『주역』에서 "소인은 임금을 따라 밖으로 드러난 악행을 고친다"❽고 말한 것은 바로 이런 까닭에서입니다. 『맹자(孟子)』에서 "임금이 어질면 어질지 않은 사람이 없고 임금이 의로우면 의롭지 않은 사람이 없다"❾고 말한 것은 또한 이런 까닭에서입니다. 이 말에 대해 정명도 (程明道)가 "가령 임금이 사사롭고 간사해지는 마음을 가지고 있다면 반드시 장차 그 정사(政事)를 펼치는 데에도 해로움을 미칠 것이니 어찌 백성 사이에서 이 사사로움과 간사함이 일어나기를 기다린 후에 그것을 알겠는가?"❿라고 말한 것도 마찬가지입니다.

❽ 『주역』「혁괘(革卦)」에 다음과 같은 말이 나온다. "소인이 얼굴에 드러난 악행을 고치는 것은 복종하여 임금을 따르는 것이다. (小人革面 順以從君也)"
❾ 『맹자』「이루(離婁)」상편에 다음과 같은 말이 나온다. "임금이 사람을 쓰는 일은 일일이 간섭할 수 없고 임금이 정사를 펼치는 일도 일일이 검열할 수 없다. 오직 덕이 큰 사람만이 임금의 나쁜 마음을 바로잡을 수 있다. 임금이 어질면 어질지 않은 사람이 없고 임금이 의로우면 의롭지 않은 사람이 없고 임금이 바르면 바르지 않은 사람이 없다. 그러므로 임금을 한번 바로잡으면 나라를 편안하게 만들 수 있다. (人不足與適也 政不足間也 惟大人 爲能格君心之非 君仁莫不仁 君義莫不義 君正莫不正 一正君而國定矣)"

❿ 『근사록(近思錄)』「치본(治本)」편에 다음과 같은 정명도의 말이 나온다. "나라는 임금 한 사람에 의해 좌우되고 임금은 하나의 마음에 의해 좌우된다. 가령 임금이 사사롭고 간사해지는 마음을 가지고 있다면 장차 그 정사에도 반드시 해로울 것이니 어찌 밖에서 일이 일어나기를 기다린 후에 알겠는가? (一國 以一人爲本 一人 以一心爲本 使人君有 一念私邪 必將害於其政 奚待作於外而後可知)"

한혈마(汗血馬)⓫는 전쟁터에서 하루에 천 리를 달립니다. 이 말은 핏빛 땀을 흘릴 만큼 힘껏 달려서 이처럼 멀리 달리는 것입니다. 그런데 사방 한 치에 지나지 않는 사람의 마음자리에도 이 같이 핏빛 땀을 흘리며 달리는 한혈마가 있습니다. 이 마음자리의 한혈마가 달려가 싸우는 것은 수시로 싹트는 사악함입니다.⓬ 전하께서 사방 한 치의 마음속에서 한혈마를 달려 사악함과 싸운다면 만 마리의 소가 갈아엎을 만큼 넓은 땅에서 공적을 거둘 수 있습니다. 마음을 극진히 하면 이처럼 큰 효과를 기대할 수 있다는 것입니다. 그리고 그 기틀은 자기 자신에게 달려 있을 뿐입니다.

⓫ 한혈마(汗血馬)는 한(漢)나라 때 서역의 대완국(大宛國)에서 많이 났다고 하는 명마(名馬)이다. 흔히 전쟁터에서 혁혁한 전공을 세운 장수나 어떤 일에서 큰 성과를 거둔 인재를 이 한혈마에 비유해 말한다. 한마(汗馬), 대완마(大宛馬)라고도 한다.
⓬ 조식은 「신명사명(神明舍銘)」에서 다음과 같이 말한다. "아홉 구멍의 사악함은 눈, 귀, 입에서 처음으로 나타난다. 이 사악함이 나타날 낌새가 있으면 용감하게 이겨내야 한다. 진격해 나아가 반드시 섬멸하도록 한다. (九竅之邪 三要始發 已動微勇克 幾閑邪 進敎廝殺)" 그리고 이 구절의 부주에서 또 이렇게 말한다. "마음이 이와 같아야 바야흐로 섬멸할 수 있다. 모름지기 마음자리에서 사악한 낌새와 싸워 이기는 일은 전쟁터에서 용감하게 달리는 한혈마의 공처럼 거두어들여야 한다. (心如此方會廝殺 須於心地 收汗馬之功)"

신은 도무지 알지 못하겠습니다. 지금 전하께서 전심전력을 다하고자 하는 일은 무슨 일입니까? 전하께서는 학문을 좋아하십니까? 학문이란 배우고 묻는 일이니, 배운다는 것은 먼저 깨달은 사람을 본받는 일이고 묻는다는 것은 새로 배운 것을 이미 가지고 있는 것에 비추어 보는 일입니다. 학문이 아니라면 전하께서는 음주가무(飮酒歌舞)와 여색을 좋아하십니까? 『서경』에서는 "귀나 눈을 즐겁게 하는 것에 마음을 팔지 않으면 온갖 법도가 올바르게 될 것"❸이라고 말합니다. 그렇다면 또한 전하께서 이런 것을 좋아하실 리도 없을 것이라 생각합니다.

❸ 『서경』「여오(旅獒)」편에 이와 같은 말이 나온다. "귀와 눈에 부림을 당하지 않으면 온갖 법도가 바르게 될 것이다. (不役耳目 百度惟貞)" 『서경주소(書經註疏)』에서는 이 말에 대해 "음주가무와 여색으로 스스로 부림을 당하지 않으면 온갖 법도가 바르게 될 것이다 (不以聲色自役 則百度正)"라고 풀이한다.

혹 전하께서는 활쏘기와 말타기를 좋아하십니까? 이런 것을 좋아한다면 그나마 다행일 것입니다. 신은 정말 묻고 싶습니다. 전하께서는 의로운 군자를 좋아하십니까, 탐욕으로 가득한 소인을 좋아하십니까? 전하께서 좋아하는 것이 무엇이냐에 나라의 '존속과 쇠망(存亡)'이 달려 있습니다.

苟能一日惕然警悟
奮然致力
於學問之上

忽然有得
於明新之內
則明新之內
萬善具在百化由出

舉而措之
國可使均也
民可使和也
危可使安也
約而存之
鑑無不空
衡無不平
思無邪焉

삼감(敬)으로써
분연히
떨쳐 일어나
학문에
힘을
쏟아야
합니다

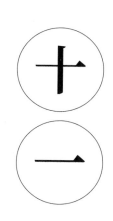

『주역』의 첫머리에 "군자는 하루를 끝마치도록 그침이 없이 힘쓰고 저녁에는 무엇인가를 두려워하는 모습을 보여 준다"❶ 라는 말이 나옵니다. 그리고 공자는 이 말에 대해 "그침이 없이 힘써서 때에 따라 두려워하면 위태롭더라도 허물할 일이 없다"❷고 말합니다. 진실로 전하께서도 할 수 있습니다. 하루를 끝마칠 때까지 무엇인가를 두려워하는 자세로 스스로를 경계할 수 있습니다.❸

❶ 『주역』「건괘(乾卦)」구삼(九三) 효사에 이와 같은 말이 나온다. "―(君子終日乾乾 夕惕若)"
❷ 『주역』「건괘·문언전(乾卦·文言傳)」구삼(九三)에 다음과 같은 말이 나온다. "자신에게 충실한 것과 남에게 신의를 다하는 것은 덕으로 나아가는 방법이다. 신중한 말로 그 성실함을 세우는 것은 공업을 닦는 방법이다. 이를 곳을 알아서 그곳에 이르면 작은 낌새를 눈치챌 수 있고 끝낼 곳을 알아서 그곳에서 끝내면 의리를 보존할 수 있다. 이런 까닭에 높은 지위에 있으면서도 교만하지 않고 낮은 지위에 머물면서도 근심하지 않는다. 그침없이 힘써서 그 시의에 따라 두려워하면 위태롭더라도 허물할 일이 없다. (忠信 所以進德也 修辭立其誠 所以居業也 知至至之 可與幾也 知終終之 可與存義也 是故 居上位而不驕 在下位而不憂 故乾乾因其時而惕 雖危无咎)"
❸ 일일척연(一日惕然)을 풀이한 것이다. 기존의 번역은 대부분 이 구절을 "어느 날 깜짝 놀라 깨닫는다"는 뜻으로 풀이한다. 그러나 척연(惕然)은 무엇인가를 두려워하는 모습을 나타내는 말로 보는 것이 더 자연스럽다. 『주역』「건괘」구삼(九三)에 '척약(惕若)'이라는 말이 나오는데, 이 척연과 같은 표현이다. 한편 지금까지 조식이 언급해온 상황의 간절함을 생각할 때, 일일(一日)을 '어느 날'로 풀이하는 것은 한가한 느낌이다. 조식은 명종에게 '당장이라도' 깨달아 '하루를 끝마치도록' 힘써야 한다고 말하고자 했을 것이다. 이에 이번 번역에서는 이 구절이 『주역』「건괘」구삼의 의미를 함축하고 있는 것으로 본다.

무엇인가를 두려워한다는 것은 곧 자신을 '삼간다(敬)'는 말입니다. 스스로 정도에 어긋날까 두려워한다는 것이고 이처럼 두려워하는 마음을 한결같이 유지한다는 것입니다. 『중용(中庸)』❹에서는 "군자는 자신이 보지 못하는 것을 삼가고 삼가며 자신이 듣지 못하는 것을 두려워하고 두려워한다"❺고 말합니다. 계신공구(戒愼恐懼)라는 말이 바로 이것입니다. 보이지 않는 적을 막듯 삼가고 신에게 바칠 음식을 바치듯 삼가며, 두근거리는 심장을 가라앉히지 못하는 것처럼 두려워하고 또 새가 두 눈을 두리번거리는 것처럼 두려워한다는 뜻입니다. 주희는 "삼감이라는 것은 곧 몸을 한껏 옹송그릴 만큼 두려워하는 바가 있다는 뜻이다"❻라고 말합니다. 진실로 전하께서 하루를 끝마칠 때까지 무엇인가를 두려워하는 자세로 삼간다면, 전하께서는 크게 깨달을 수 있습니다. 그리고 삼감(敬)❼으로써 분연히 떨쳐 일어나면 또한 학문에 힘을 쏟을 수 있습니다.

❹ 『중용(中庸)』: 인간의 본성은 하늘에서 부여받은 것이라고 주장한다. 곧 "하늘이 명령한 것을 성이라고 한다 (天命之謂性)"라고 말한다. 이로써 유가 이념이 목적으로 삼은 일이 인간성의 실현에 있다고 선언한다. 이 책은 원래 『예기』의 한 편이며 공자의 손자인 자사(子思)가 지은 것으로 알려져 있다. 주희가 사서(四書)의 하나로 삼으면서 경전으로서 읽히기 시작한다.

❺ 『중용』「성도교장(性道教章)」에 이와 같은 말이 나온다. "― (君子 戒愼乎其所不睹 恐懼乎其所不聞)"

❻ 주희는 「호계수에게 답하여(答胡季隨)」에서 다음과 같이 말한다. "삼감이라는 것은 몸을 한껏 옹송그릴 만큼 두려워하는 것이 있다는 뜻이다. 성실함이라는 것은 진실하여 함부로 함이 없다는 말이다. (敬是竦然如有所畏之意 誠是真實無妄之名)" (『주자전서(朱子全書)』권47)

❼ 삼감(敬)이란 유학자들이 자신을 수양하는 공부 방법을 말한다. 곧 집중하고 몰입하여 주의를 분산시키지 않는, 정신적 긴장 상태를 유지하는 것이다. 유학자들은 흔히 이 삼감을, 마음을 한곳으로 집중하여 다른 곳으로 돌리지 않는 주일무적(主一無適)이라는 말로 설명한다. 몸을 가지런히 하고 마음을 엄숙하게 하는 정제엄숙(整齊嚴肅)으로 설

명하는 경우도 있다. 조식은 선조(宣祖)에게 올린 「무진봉사(戊辰封事)」에서 이렇게 말한다. "삼감이라는 것은 몸을 가지런히 하고 마음을 엄숙하게 하며 항상 마음을 또렷하게 깨우쳐 어둡지 않게 하는 것입니다. 또한 마음을 한곳으로 집중하여 만 가지 일에 대응하는 것입니다. (所謂敬者 整齊嚴肅 惺惺不昧 主一心而應萬事)"

삼감을 말하면서 동시에 학문을 말하는 것은 삼가는 일과 학문하는 일이 수레의 두 바퀴와 같고 새의 양 날개와 같기 때문입니다. 유학자 중의 유학자인 주희는 이렇게 말합니다. "배우는 자의 공부는 한결같이 삼가는 거경(居敬)과 끝까지 이치를 탐구하는 궁리(窮理)의 두 가지 일에 달려 있을 뿐이다. 그리고 이 두 가지 일은 서로를 발전시켜 주는 것이다. 곧 끝까지 이치를 탐구하면 거경의 공부 또한 날마다 더욱 앞으로 나아갈 것이고, 한결같이 삼가면 궁리의 공부 또한 날마다 치밀해질 것이다."❽ 송나라의 정명도는 또 삼감과 학문에 대해 이렇게 말합니다. "나는 글자를 쓸 때 매우 삼간다. 이는 글자가 아름답기를 바라서가 아니라 단지 이것이 학문이기 때문이다. 삼감을 유지하는 지경(持敬)을 독실하게 하면 가는 곳마다 학문 아닌 것이 없다."❾ 그러므로 학문을 한다면서 삼감을 주로 하는 공부에 흠결(欠缺)이 있다면 이는 거짓일 뿐입니다.❿

❽ 『심경부주(心經附註)』「존덕성재명(尊德性齋銘)」장에 이와 같은 주희의 말이 나온다. "― (學者工夫 唯在居敬窮理二事 此二事互相發 能窮理則居敬工夫日益進 能居敬則窮理工夫日益密)" 이 거경궁리는 주희 사상의 핵심을 담고 있는 말이다.
❾ 『심경부주(心經附註)』「존양(存養 : 마음을 간직하고 본성을 기르는 존심양성)」장에 이와 같은 정명도의 말이 나온다. "― (某寫字時 甚敬 非是要字好 只此是學 篤於持敬 無往非學)"
❿ 「송파자에게 보이는 글(示松坡子)」에서 조식은 이렇게 말한다. "또한 삼감이라는 것은 우리 유학의 시작을 만들고 끝을 만드는 것이다. 처

음 학문에 발을 들여놓는 이로부터 탁월한 성현(聖賢)에 이르기까지 모두 삼감을 주로 하는 것으로 도(道)에 나아가는 방편을 삼는다. 배운 다고 하면서 삼감을 주로 하는 공부에 흠결이 있다면 그 배운다는 것 은 거짓일 뿐이다. (且敬者 聖學之成始成終者 自初學以至聖賢 皆以 主敬爲進道之方 學而欠主敬工夫 則其爲學僞矣)"

학문에 힘을 쏟을 때는 『대학』을 통해 실마리를 얻을 수 있습니다. 『대학』에서는 "대학의 도는 밝은 덕을 밝히고 백성을 새롭게 하는 데 있다"⓫고 말합니다. 그리고 이 말 속에는 모든 학문의 뼈대가 들어 있습니다. 주희는 "먼저 『대학』을 읽으면 옛 사람들이 학문을 한 시작과 끝을 차례로 볼 수 있다"고 말하고 또 "내가 평생 동안 정력을 기울인 것이 모두 이 책에 있다"⓬고 말합니다.

⓫ 『대학』「경일장(經一章)」첫머리에 다음과 같은 말이 나온다. "대학 의 도는 밝은 덕을 밝히는 데 있고 백성을 새롭게 하는 데 있고 지극한 선에 이르는 데 있다. (大學之道 在明明德 在新民 在止於至善)" 이 말 은 흔히 유학의 근본 이념을 담은 삼강령(三綱領)으로 받아들여진다. 조식 또한 늘 이 말을 강조했다.

⓬ 주희의 말을 정리한 『대학』의 「독대학법(讀大學法)」에 다음과 같은 말이 나온다. "어떤 사람이 물었다. ˊ오로지 한 권의 책을 보고자 한 다면 무슨 책을 우선으로 삼아야 합니까?ˋ 대답했다. ˊ먼저 『대학』을 읽으면 옛 사람들이 학문을 한 시작과 끝의 차례를 볼 수 있습니다. 다 른 책과 비교할 바가 아닙니다.ˋ (問欲專看一書 以何爲先 日先讀大學 可見古人爲學首末次第 不比他書)" 또 다음과 같은 말이 나온다. "사 마온공이 『자치통감(資治通鑑)』을 짓고 ˊ평생의 정력을 모두 이 책에 쏟아 부었다ˋ 라고 말했다. 내가 『대학』에 있어서 또한 이러하다. (溫 公作通鑑言 平生精力盡在此書 某於大學 亦然)"

아마도 전하께서는 이미 이 『대학』을 읽어 보았을 것입니다. 그러나 얼마나 자세하게 읽었는지, 얼마나 깊이 생각해보았는지는 알 수 없습니다. 자세하게 정독하기만 하고 마음속으로 숙독하지 않거나, 마음속으로 숙독하기만 하고 자세하게 정독하지 않으면 이 책의 뼈대를 꿰뚫기 힘듭니다.❸ 그러므로 이 책을 읽을 때는 경문(經文)과 전문(傳文)과 주해(註解)를 꼼꼼하게 이해해야 할 뿐만 아니라 끊임없이 되새김질해야 합니다.❹ 주희는 책 읽는 일에 대해 또 이렇게 말합니다. "대개 책을 살펴 읽을 때는, 먼저 숙독하여 그 말이 모두 마치 내 입에서 나온 것과 같이 해야 한다. 그리고 계속 이것을 가지고 정밀하게 생각하여 그 뜻이 모두 마치 내 마음에서 나온 것과 같이 해야 한다. 이렇게 한 연후라야 조금이라도 터득한 바가 있을 수 있다."❺ 전하께서는 이처럼 『대학』의 말을 가지고, 자신의 마음속을 들여다보아야 합니다. 또 세상에서 일어나는 일에도 견주어 보아야 합니다. 이렇게 한다면 어느 순간 이 대학의 도(大學之道)에 대해 터득하는 바가 있을 것입니다.

❸ 「송파자에게 보이는 글(示松坡子)」에서 조식은 이렇게 말한다. "대체로 정독하기만 하고 숙독하지 않으면 도를 알 수 없으며, 숙독하기만 하고 정독하지 않으면 또한 도를 알 수 없다. 정독하고 숙독하는 일이 함께 지극해야 골자를 환하게 꿰뚫어 볼 수 있다. 다만 『대학』은 여러 경전의 벼릿줄이니 모름지기 이 책을 읽을 때는 내용을 완전히 녹여서 이해하여 하나로 꿰뚫어야 한다. 이렇게 하면 다른 책을 읽는 일이 좀 더 쉬워질 것이다. (蓋精而未熟 則不可以知道 熟而未精 則亦不可以知道 精與熟俱至 然後可以透見骨子了 但大學 群經之綱統 須讀大學 融會貫通 則看他書便易)"

❹ 조식은 「제목을 정하지 않고 지은 시(無題)」에서 이렇게 읊는다. "『대학』 첫머리 열여섯 자의 말은 반평생을 공부해도 그 근원을 만나기 어렵습니다. 여러 유생들은 귀 밝음과 눈 밝음을 넘치도록 가지고 있습니다. 그러니 『대학』의 경문(經)과 인용문(詩書)은 물론 주해(記)까지도 수시로 되새김질해 보며 완전히 이해할 수 있도록 해야 합니다. (大學篇頭十六言 工夫半世未逢源 諸生剩得聰明在 經記詩書好吐呑)"

❺ 주희는 「책읽는 요령(讀書之要)」에서 이와 같이 말한다. "― (大抵觀

書 先湏熟讀 使其言皆若出於吾之口 繼以精思 使其意皆若出於吾之心 然後可以有得爾"(『주문공문집(朱文公文集)』권74)

사람의 마음은 원래 밝습니다. 『대학』에서 '밝은 덕(明德)'이라고 말하는 것은 바로 이것입니다. 그런데 다시 이 "밝은 덕을 밝힌다"고 말하는 것은 이해하기 힘들 수 있습니다. 이미 밝은데 다시 밝혀야 한다는 것이 무슨 말인지 납득하기 어렵기 때문입니다. 주희는 이렇게 말합니다. "(이 밝은 덕은) 제멋대로인 기질에 가려지고 이기적인 욕심에 휘둘려 어두워질 때가 있다. 그러나 그 본래의 밝음은 일찍이 끊어진 적이 없다. 그러므로 배우는 자는 마땅히 그 빛이 드러난 원인을 따져서 마침내 그것을 다시 밝혀야 한다. 이로써 처음의 밝은 덕을 회복해야 한다."⑯ 여기서 사람의 마음이 원래 밝다는 것은 사람의 선(善)한 본성⑰을 말합니다. 이는 전하 또한 이미 가지고 있는 것입니다. 중요한 것은 몸과 마음을 닦는 수기(修己)를 통해 이미 가지고 있는 선한 본성을 되찾는 일입니다.

⑯ 주희는 『대학』「경일장(經一章)」의 주해에서 이와 같이 말한다. "— (爲氣稟所拘 人欲所蔽 則有時而昏 然其本體之明 則有未嘗息者 故學者當因其所發而遂明之 以復其初也)"

⑰ 사람은 누구나 완전한 도덕성을 타고 났다는 말이다. 『맹자』에서 말하는 '차마하지 못하는 마음(不忍人之心)'과 같은 것이 이것이다. 이것은 어질고 포용력있는, 다른 사람의 고통을 그대로 보아 넘기지 못하는 마음이다. 이처럼 사람은 누구나 훌륭한 본성을 타고 났다는 생각은 유가의 기획 중 가장 핵심적인 부분이다. 조식의「원천부(原泉賦)」에 다음과 같은 말이 나온다. "온갖 이치가 성(性)이라는 뿌리에 갖추어져 있다. 덩어리로 뭉쳐 나와 생기발랄하게 약동한다. (萬理具於性本 混潑潑而活活)"

이른바 '마음을 간직하는 존심(存心)'과 '본성을 기르는 양성(養性)'이라는 것**⑱** 또한 이 일과 다르지 않습니다.**⑲** "백성을 새롭게 한다"는 것은 전하의 밝은 덕으로 백성을 이전과는 다르게 만드는 일입니다. 백성으로 하여금 이전에 물들었던 더러움을 없애도록 하는 일입니다. 이로써 백성을 편안하게 만드는 것입니다.

⑱ 존심양성(存心養性)이라는 말은 『맹자』「진심(盡心)」상편에 나온다. "그 마음을 다하는 자는 그 본성을 안다. 그 본성을 알면 하늘을 알 것이다. 마음을 간직하고 본성을 기르는 것이 곧 하늘을 섬기는 방법이다. (盡其心者 知其性也 知其性則知天矣 存其心養其性 所以事天也)"

⑲ 조식은, '밝은 덕을 밝히는 일(明明德)'은 곧 마음을 간직하고 본성을 기르는 일이라고 생각했다. 조식은 「관서문답에 대한 해명(解關西問答)」에서 다음과 같이 말한다. "『대학』은 첫머리에서 대학의 도는 밝은 덕을 밝히고 지극한 선에 이르는 데 있다고 말한다. 이에 책을 시작하면서 마음을 간직하고 본성을 기르는 일을 강조한 것이다. 처음 공부를 시작하는 선비라면 마땅히 이를 이해해야 한다. (大學明明德止至善 乃開卷第一存養地也 初學之士亦當理會)" 밝은 덕에 대한 조식의 설명은 대체로 주희의 설명과 크게 다르지 않다. 그런데 유학자들 중에는 인의예지(仁義禮智)나 효제자(孝弟慈)와 같은 덕목을, 이 밝은 덕의 구체적인 내용으로 설명하는 이들도 있다.

『대학』을 말한다고 해서 학문을 힘든 것으로 여길 필요는 없습니다. 선한 본성을 말한다고 해서 학문을 난해한 것으로 생각할 필요는 없습니다. "학문을 한다는 것은 부모를 모시고 형제를 사랑하고 어른을 공경하고 어린이를 돌보는 일에서 벗어나지 않습니다. 만약 이런 것을 힘쓰지 않으면서 본성이나 이치를 구하려 한다면 오히려 얻는 것이 없습니다."**⑳** 그러므로 『대학』에서는 또한 이렇게 말합니다. "임금이 부모를 잘 섬기면 백성이 효심을 일으키고 임금이 어른을 잘 모시면 백성이 공경하는 마음을 일으키며, 임금이 외로운 이들을 불쌍하게 여겨 보살피면 백성이 이들을 내버려두지 않는다."❷

❷ 성운(成運)이 쓴 「남명선생묘갈(南冥先生墓碣)」에 따르면, 조식은 평소에 다음과 같은 말을 자주 했다. "학문을 한다는 것은 부모를 모시고 형제를 높이고 어른을 공경하고 어린이를 돌보는 일에서 벗어나지 않는다. 만약 이런 일에 힘쓰지 않으면서 곧장 성리학의 오묘한 이치를 구하려 한다면 이는 사람의 일에서 하늘의 이치를 구하는 것이 아니다. 그러므로 끝내 실제로 얻는 것이 없을 것이다. (爲學 初不出事親 敬兄悌長慈幼之間 如或不勉於此 而遽欲窮探性理之奧 是不於人事 上求天理 終無實得於心)"

❷ 『대학』「전십장(傳十章)」에 이와 같은 말이 나온다. "— (上老老而民 興孝 上長長而民興弟 上恤孤而民不倍)"

밝은 덕을 밝히고 백성을 새롭게 하는 일 안에 온갖 선이 갖추어져 있습니다. 그리고 여기에서 백성을 가르치고 기르는 교화(教化)가 나옵니다. 『근사록』에서는 이 일에 대해 이렇게 말합니다. "삼가고 자신을 닦는 것으로부터 확충해 나가야 한다. 이렇게 하면 정치의 이치가 환하게 밝아져서 백성이 편안해진다. 풍속의 교화가 널리까지 펴져서 세상이 평화로워진다."❷ 임금이 자신을 닦아 이를 실천할 때 백성이 이를 본받는 것은, 햇빛이 환하게 빛날 때 그림자가 나타나는 일보다 빠르고 분명합니다.

❷ 『근사록』「존양(存養 : 마음을 간직하고 본성을 기르는 존심양성)」편에 다음과 같은 말이 나온다. "『중용』에서는 〝군자가 인정이 깊고 공손하면 세상이 평화로워진다〟고 말한다. 그러므로 삼가고 자신을 닦는 것으로부터 이를 확충해 나가야 한다. 이렇게 하면 정치의 이치가 환하게 밝아져서 백성이 편안해지고 풍속의 교화가 널리까지 펴져서 세상이 평화로워진다. 대개 임금과 백성이 공경하는 일에 대해 마음으로 느껴 서로 통하면 온통 분쟁을 일으키고 능멸하는 풍조가 없어

질 것이다. (中庸曰 君子篤恭而天下平 自其敬以修己 充而廣之 則政理淸明而百姓安 風化廣被而天下平 蓋惟上下孚感 一於恭敬 擧無乖爭凌犯之風)"

이로써 전하께서는 백성에게 혜택이 돌아가도록 할 수 있습니다.❷❸ 이렇게 한다면 나라가 균등하게 다스려질 것이고 백성은 평화로울 것입니다. 위기가 닥쳐도 이를 편안하게 이겨낼 것입니다. 전하께서는 또한 이런 태평성대를 실타래처럼 단단하게 묶어서 오래 간직할 수 있습니다. 이렇게 한다면 마음이 사물을 비추기 전의 거울처럼 비어 있지 않음이 없을 것이고, 행동이 무게를 재기 전의 저울처럼 고르지 않음이 없을 것입니다. 또한 생각에 간사함이 없을 것이니 마음이 바르고 뜻이 정성스러울 것입니다.

❷❸ **거이조지(擧而措之)**를 풀이한 것이다. 『주역』「계사상전(繫辭上傳)」에 다음과 같은 말이 나온다. "형상을 바꾸어 마름질하는 것을 변화(變)라고 하고 변화를 미루어 시행하는 것을 형통(通)이라고 한다. 이 변화와 형통을 들어서 세상 백성에게 혜택이 돌아가도록 하는 것을, '임금이 해야 하는 일(事業)'이라고 한다. (化而裁之 謂之變 推而行之 謂之通 擧而措之天下之民 謂之事業)"

佛氏所謂眞定者
只在存此心而已

其爲上達天理
則儒釋一也
但施之於人事者
無脚踏地
故吾家不學之矣

殿下旣好佛矣
若移之學問
則此是吾家事也
豈非弱喪而得其家
得見
父母親戚兄弟故舊者乎

딛고 설
발판이
없으므로
우리
유가에서는
불가의 말을
배우지
않습니다

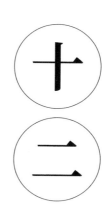

불가(佛家)에서 말하는 진정(眞定)은 마음을 가라앉히고 가만히 멈추어 있는 것입니다. 『육조단경(六祖壇經)』에서는 "만약 온갖 경계의 가장자리를 보고도 마음이 어지러워지지 않는다면 이것이 진정이다"❶라고 말합니다. 그렇다면 진정이라는 것 또한 마음을 간직하는 존심(存心)에 있을 뿐입니다.

❶ 진정(眞定)이란 마음의 가운데에 멈추어서 마음이 움직이지 않도록, 집중하고, 전념하고, 몰입하는 것이다. 혜능(慧能)의 『육조단경(六祖壇經)』에 다음과 같은 말이 나온다. "본성은 스스로 깨끗하고 스스로 멈추어 있다. 다만 경계의 가장자리를 보고 경계의 가장자리를 생각하기 때문에 어지러워진다. 만약 온갖 경계의 가장자리를 보고도 마음이 어지러워지지 않는다면 이것이 바로 진실로 멈추어 있는 진정이다. (本性自淨自定 只爲見境思境卽亂 若見諸境 心不亂者 是眞定也)"

위로 하늘의 이치를 통달하는 일에 있어서는 유가와 불가가 다른 부분이 없습니다.❷ 다만 이를 사람의 일에 적용할 때는 불가의 경우 딛고 올라설 발판❸이 없다는 점이 다릅니다. 불가는 우리의 선한 본성을 밝혀 부모와 임금을 섬기는 인륜의 마땅함을 가지고 있지 않다는 것입니다. 정명도는 불가에 대해 이렇게 말합니다. "불가의 가르침은 삼가고 이로써 마음을 곧게 하는 것이라면 이미 가지고 있다. 그러나 의롭고 이로써 행동을 바르게 하는 것이라면 아직 가지고 있지 않다."❹ 주희는 또 "불자들은 이것을 공(空)으로만 생각하여서 한갓 적멸(寂滅)의 즐거움이라는 것만 알고 이것이 실리의 근원임을 알지 못한다"❺고 말합니다.

❷ 이 구절에 대해 『명종실록』의 사관은 다음과 같이 사필(史筆)한다. "조식의 이 말은 잘못된 것이다. 불가의 학문에 어떻게 위로 천리를 통

달하는 것이 있겠는가? (植之此言誤矣 佛氏之學 豈有上達天理者)"

❸ 딛고 올라설 발판은 각답(脚踏)을 풀이한 것이다. 각답은 큰 의자, 옥좌, 침대 등의 아래에 놓고 사용하는 작은 발판을 말한다.

❹ 『학기유편』「변이단(辨異端 : 이단을 변별함)」편에 이와 같은 말이 나온다. "― (佛氏 敬以直內則有之 義以方外則未之有也)" 이는 『근사록』「변이단(辨異端)」편에 나오는, 정명도의 다음과 같은 말에서 뽑은 것이다. "저 불가의 학문은 삼가고 이로써 마음을 곧게 하는 것이라면 이미 가지고 있으나 의롭고 이로써 몸가짐을 방정하게 하는 것이라면 아직 가지고 있지 않다. 불자들은 마음을 가라앉혀 가만히 멈추어 있는 선정(禪定)을 익히는데, 이 마음을 가운데로 거두어 들여 텅 비워두고 깨끗하게 치워두고자 한다. 그렇다면 이는 또한 삼가고 이로써 마음을 곧게 하는 '경이직내(敬以直內)'와 같은 것이다. 그러나 이는 본체만 있고 작용은 없는 것이어서 사람의 윤리를 끊어 없애버린다. 어떻게 의롭고 이로써 몸가짐을 방정하게 하는 것이 있겠는가? (彼釋氏之學 於敬以直內則有之矣 義以方外則未之有也 釋氏習定 欲得此心收斂虛靜 亦若所謂敬以直內 然有體而無用 絶滅倫理 何有於義)"

❺ 주희의 「무신봉사(戊申封事)」에 이와 같은 말이 나온다. "― (彼以爲空 則徒知寂滅爲樂 以不知其爲實理之)"(『주자봉사(朱子封事)』)「무신봉사」는 1188년 주희가 송나라(南宋)의 효종(孝宗) 황제에게 올린 것으로 주희의 상소 가운데 가장 널리 알려져 있다. 당대의 정치에 대해 "마치 사람이 중병을 앓아 안으로는 심장과 배로부터 밖으로는 사지에 이르기까지 털끝 하나 머리털 하나까지 병들지 않은 곳이 없는 것과 같다 (如人之有重病 內自心腹外達四肢 蓋無一毛一髮不受病者)"고 표현하며 격렬하게 비판한다.

이에 불자들은 자기 한 몸을 깨끗하게 하기 위하여 사람으로서 마땅히 해야 할 인륜의 도리를 끊고 산으로 들어갑니다. 그래서 우리 유가에서는 불가의 말을 배우지 않습니다. 하늘의 도는 진실한 것이지만 공자 문하에서도 아주 드물게만 말하는 바입니다.❻ 고원한 말을 구하려는 공부도 크게 근심할 일인데, 불가의 말이겠습니까?

❻ 조식은 당대의 학문이 형이상학적으로 흐르는 일에 대해 크게 개탄했

다. 그래서 아래에서 사람의 일을 배우고 위로 하늘의 이치를 깨닫는 하학이상달(下學而上達)을 여러 번 강조했다. "본성과 하늘의 도는 공자의 문하에서도 드물게 말했다 (性與天道 孔門所罕言)"는 말은 조식의 「제자 오건(吳健)에게 주는 글(與吳御史書)」에 나온다.

그런데 전하께서는 이미 불가의 말을 높이고 불가의 사람들을 보호하며 불가의 일을 펼치고 있습니다. 이로써 불가를 몹시도 좋아하고 있습니다.❼ 그렇다면 이 불가를 좋아하는 마음을, 사람의 일을 배우는 데로 향하도록 옮겨 놓아야 합니다. 이렇게 한다면 전하께서 배우고 묻는 것이 곧 우리 유가의 것이 될 것입니다. 이는 마치 어려서 집을 잃고 떠돌아다니던 아이가 그 집을 다시 찾는 일과 같습니다. 이로써 부모와 형제와 친척, 그리고 옛 벗들을 다시 만나는 일과 같습니다. 어찌 다르다고 할 수 있겠습니까?

❼ 1545년부터 1553년까지 9년 동안 명종을 대신하여 섭정을 펼쳤던 문정왕후는 불교에 대한 신앙심이 깊었다. 이에 승려 보우(普雨)가 각종 불교 부흥 운동을 전개할 수 있도록 지원을 아끼지 않았다. 선종(禪宗)과 교종(敎宗)의 양종을 다시 세우는가 하면, 승과(僧科)를 실시해 급제자에게 직첩을 발행했다. 여기서 명종이 "불가를 몹시도 좋아한다"고 말하는 것은 이와 같은 상황에서 나온 말이다.

況爲政在人
取人以身
修身以道

殿下若取人以身
則帷幄之內
無非社稷之衛也
容何有如昧昧之微臣乎

若取人以目
則衽席之外
盡是欺負之徒也
亦何有
如硜硜之小臣乎

자신을
닦는 것으로,
현명한 인재를
뽑아야
나라를
다스릴 수
있습니다

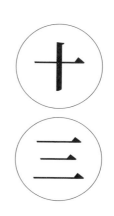

마른 물가에서 무릎을 꿇고 앉아 비를 기원하듯 아룁니다.❶
나라를 다스리는 일은 곧 현명한 인재를 쓰는 일입니다.『서
경』에서는 "팔다리가 있어야 사람이 될 수 있고 훌륭한 신하
가 있어야 훌륭한 임금이 될 수 있다"고 말합니다.『서경』에
서는 또 "임금은 현명한 인재가 아니면 나라를 다스릴 수 없
다"라고도 말합니다.❷ 과연 옛날의 임금으로서 백성을 다스
리는 데 뜻을 둔 이는 인재를 구하는 일을 가장 급한 일로
여기지 않은 경우가 없습니다.

❶ 황(況)을 풀이한 것이다. 황(況) 자는 원래, 물가에서 무릎을 꿇고 앉아
  기우제를 지내는 모습을 나타낸 글자이다.
❷ 『서경』「열명(說命)」편에 이와 같은 말이 나온다. "— (股肱惟人 良臣
  惟聖)" 또 다음과 같은 말이 나온다. "임금은 현인이 아니면 나라를 다
  스릴 수 없고, 현인은 임금이 아니면 먹고 살 길이 없다. (惟后非賢 不
  乂 惟賢非后 不食)"

그리고 이 인재를 구하는 일은 임금 자신에게 달려 있습니다.
『중용』에서는 이렇게 말합니다. "정치를 펼치는 것은 인재를
취하는 일에 달려 있다. 인재를 취하여 쓸 때는 자신을 닦은
것으로 해야 한다. 자신을 닦을 때는 도(道)로 해야 한다."❸
흔히 인재를 얻기 힘들다고 말합니다. 그러나 "물은 젖은 곳
으로 흘러가고 불은 마른 곳으로 옮겨 붙는"❹ 법입니다. 정이
천은 『역전』에서 "임금이 중도(中道)의 올바른 덕을 쌓아서
마음이 충실하고 아름다우면 구하고자 하는 현명한 인재를 반
드시 만날 수 있다"❺고 말합니다. 도로써 자신을 닦은 임금이
라면 도로써 자신을 닦은 인재를 얻을 수 있습니다. 현명한 임
금이라면 현명한 인재를 얻을 수 있고, 유능한 임금이라면 유
능한 인재를 얻을 수 있습니다.

❸ 『중용』「애공문정(哀公問政)」장에 이와 같은 말이 나온다. "— (爲政在人 取人以身 修身以道)"
❹ 『주역』「건괘·문언전(乾卦·文言傳)」에 다음과 같은 말이 나온다. "동일한 자연의 기운은 서로 구한다. 물은 젖은 곳으로 흘러가고 불은 마른 곳으로 나아가며, 구름은 용을 따르고 바람은 호랑이를 따른다. 훌륭한 인물이 진작시키면 모든 사람이 우러러 본다. (同氣相求 水流濕 火就燥 雲從龍 風從虎 聖人作而萬物覩)"
❺ 『주역』「구괘(姤卦)」에 "키 높은 기나무의 넓은 잎으로 오이 덩굴의 달달한 열매를 감싼다(以杞包瓜)"는 말이 나온다. 정이천은 『역전(易傳)』에서 이 말을 다음과 같이 풀이한다. "지극히 높은 임금의 자리에 있으면서 지극히 낮은 자리의 현자를 구한다. 이는 키 높은 기(杞)나무가 넓은 잎으로 오이 덩굴을 감싸는 것과 같으니 임금이 스스로 아래로 낮추어 굽히는 것이다. 임금이 마음속에 중도의 올바른 덕을 쌓아서 충실하고 아름다운 것이다. 임금이 이와 같다면 구하고자 하는 인재를 구하지 못함이 없다. 비록 자신을 굽혀 현명한 인재를 구하더라도 만약 임금의 덕이 바르지 못하다면 현명한 인재가 달갑게 여기지 않는다. (以至高而求至下 猶以杞葉而包瓜 能自降屈如此 又其內蘊中正之德 充實章美 人君如是 則无有不遇所求者也 雖屈己求賢 若其德不正 賢者不屑也)"

현명한 인재를 얻어야 하는 것은, 임금이 대궐의 유악(帷幄) 속에 있기 때문입니다. 유악은 겹겹의 휘장을 둘러친 장막이므로 임금이 이 속에서 보고 들을 수 있는 일에는 한계가 있습니다. 또 임금은 나라의 온갖 일을 혼자서 생각하여 판단할 수 없고, 혼자서 처리한다 해도 선(善)함을 다하지 못할 우려가 있습니다. 한고조(漢高祖) 유방(劉邦)❻은 인재를 잘 썼던 것으로 유명한데, 유방의 유악에는 '유악 안에서 천 리 밖의 전쟁을 승리로 이끈' 책략가 장량(張良)❼이 있었습니다. 전하 또한 장량과 같은 인재를 전하의 유악 안으로 불러들여야 하는 것입니다.

❻ 한고조(漢高祖) 유방(劉邦) 기원전195년 사망 : 가난한 서민 출신으로 한나라를 세운 인물이다. 진시황(秦始皇)이 죽은 후 항우(項羽)와 합세해 진(秦)나라를 멸망시켰고 이후 항우와의 쟁패에서 승리하며 중국을 통일했다. '한나라 초기의 세 영웅(漢初三傑)'으로 일컬어지는 책략가 장량(張良), 행정가 소하(蕭何), 장수 한신(韓信)을 등용한 것으로 유명하다. 그가 세운 한나라는 이후, 유학을 중심으로 한 중국 문명의 기틀을 확립한 제국으로 자리잡았다.

❼ 장량(張良) 기원전186년 사망 : 책략가의 대명사와도 같은 인물이다. 유방을 도와 진나라를 멸망시킨 후 한나라를 세웠다. 선견지명이 있었던 것으로 유명하다. 유방은 장량을 평가하면서 "유악 안에서 산가지를 펼쳐 놓고 책략을 세워 천 리 밖의 전쟁에서 승리했다 (運籌策帷幄中 決勝千里外)"고 말한 바 있다. 흔히 장자방으로도 부르는데, 자방(子房)은 장량의 자이다.

인재는 없는 것이 아닙니다. 찾지 못하는 것일 뿐입니다. 전하께서 만약 자신의 덕을 닦는 것으로서 인재를 찾는다면 현명한 이들이 천 리 길도 멀다 여기지 않고 달려올 것입니다. 이렇게 한다면 전하의 유악에는 충심을 다해 임금을 섬기고 이로써 사직을 지킬 만한 인재들❽이 가득할 것입니다. 그런데 어찌하여 신과 같이 식견이 부족한 자를 용납하려는 것입니까? 신이 살고 있는 이곳 남쪽 바닷가는 무덥고 축축한 곳이어서 질병이 많은 곳입니다. 이에 신 또한 기력이 쇠약해져 정신이 흐릿한 상태입니다.❾ 신은 전하의 신하로 일하기에는 모자라고 또 모자랄 따름입니다.

❽ 『설원』「존현(尊賢)」 편에 다음과 같은 말이 나온다. "춘추시대의 순임보는 임금을 섬길 때 조정에 나아가서는 충심을 다하고 조정에서 물러났을 때는 임금의 허물을 보완하려고 했으니 사직을 지키는 인물이라고 할 수 있다. (林父之事君 進思盡忠 退思補過 社稷之衛也)"

❾ 매매지미신(昧昧之微臣)을 풀이한 것이다. 당나라 문인 유종원의 「배훈에게 보낸 편지(與裴壎書)」에 다음과 같은 말이 나온다. "이곳 남

쪽 지방은 바다와 접해 있어 추위를 관장하는 겨울 신이 영향을 미치지 못한다. 그러므로 무더위로 인한 질병이 많고 기력이 쇠약해진다. 정신이 흐릿해져서 백 가지 사람의 일 가운데 한 가지도 기억하지 못한다. 이에 울적해하거나 두려워할 때가 아니면 지쳐 떨어져 졸고 있을 뿐이다. (惟 楚南極海 玄冥所不統 炎昏多疾 氣力益劣 昧昧然人事百不記一 捨憂慄 則怠而睡耳)"

인재를 실제로 취할 때는, 인재를 알아보는 일이 무엇보다도 중요합니다. 탐욕스럽고 비루한 자들이라면 이를 구분하는 것이 어렵지 않을 것입니다. 그러나 단지 눈으로 겉모양만을 살펴서는 현명한 인재인지를 구별하기 힘들 때가 많습니다. 『논어』에 "말 잘하는 입이 나라를 뒤집는다"❿는 말이 나옵니다. 그리고 송나라의 범조우(范祖禹)⓫는 이 말에 대해 이렇게 풀이합니다. "말재주가 능란한 자는 옳은 것을 그른 것으로 만들고 그른 것을 옳은 것으로 만든다. 현명한 사람을 불초한 사람으로 만들고 불초한 사람을 현명한 사람으로 만든다. 임금이 만약 이 말재주가 능란한 자를 믿는다면 나라가 뒤집히는 일도 어렵지 않다."⓬ 이와 같이 옳은 체하는 거짓말쟁이가 미치는 폐해는 이단보다 더 심합니다.

❿ 『논어(論語)』 「양화(陽貨)」 편에 "말 잘하는 입이 나라를 전복시킨다 (利口之覆邦家)"는 말이 나온다.
⓫ 범조우(范祖禹) 1041-1098 : 송나라 때의 유학자이다. 정명도와 정이 천의 영향을 받았고 사마광(司馬光)의 학문을 추종했다. 황제에게 유 가 경전을 강습하는 시강(侍講)을 지냈다. 자는 순부(淳夫 : 순보(淳 甫), 순부(純父) 라고도 한다) 또는 몽득(夢得)이다.
⓬ 송나라 유학자 범조우는 "말 잘하는 입이 나라를 전복시킨다 (利口 之覆邦家)"는 『논어』 「양화」 편의 말을 다음과 같이 풀이한다. "세상 의 이치는 정당한 방법으로 이기는 사람은 늘 적고 옳지 않은 방법으 로 이기는 사람은 늘 많다. 그러나 이러한 이치는 성인이 진실로 혐오

하는 것이다. 말재주가 능란한 자가 옳은 것을 그른 것으로 만들고 그른 것을 옳은 것으로 만든다. 현명한 사람을 불초한 사람으로 만들고 불초한 사람을 현명한 사람으로 만든다. 임금이 만약 이 말재주가 능란한 자를 믿는다면 나라가 뒤집히는 일도 어렵지 않다. (天下之理 正而勝者常少 不正而勝者常多 聖人所以惡之也 利口之人 以是爲非 以非爲是 以賢爲不肖 以不肖爲賢 人君 苟悅而信之 則國家之覆也不難矣)" (『논어집주(論語集註)』)

그러므로 인재를 취할 때는 눈으로만 살펴서는 충분하지 않습니다. 눈으로 겉모양만을 보고 인재를 취한다면 전하의 옷섶 아래에는 사악한 무리들이 가득찰 것입니다. 서로를 모함하고 기만하는 파렴치한들과 전하를 업신여기고 배신하는 무뢰한들이 들끓을 것입니다. 상황이 이렇다면 또한 으르르딱딱 돌부딪히는 소리를 더하며 고집이나 피울 줄 아는❸ 소신이 또 무엇에 필요하겠습니까?

❸ 경경지(硜硜之)를 풀이한 것이다. 경경(硜硜)은 으르르딱딱거리며 내는, 돌 부딪히는 소리를 표현하는 말이다. 『논어』「자로(子路)」편에 다음과 같은 말이 나온다. "말은 반드시 믿을 수 있도록 하고 행동은 반드시 결과가 있도록 하면 으르르딱딱거리며 고집을 피우는 소인이라고 할 수 있다. (言必信 行必果 硜硜然小人哉)"

他日
殿下致化於王道之域
則臣當執鞭於厮臺之末
竭其心膂
以盡臣職
寧無事君之日乎

伏願殿下
必以正心爲新民之主
修身爲取人之本
而建其有極
極不極
則國不國矣

伏惟睿察
臣植不勝隕越屛營之至
昧死以聞

절박한
마음으로,
죽을죄를
범하며
아룁니다

왕도(王道)의 정치는 숫돌과도 같습니다. 왕도의 정치를 펼치는 임금은 끊임없이 자신을 갈고 닦아 세상을 평평하게 만들고자 합니다. 송나라의 정명도는 왕도의 정치에 대해 이렇게 말합니다. "자기 몸을 닦고 백성을 사랑한다. 세상을 바로잡고 오랑캐를 물리친다. 마음을 성실하게 하여 하늘의 이치를 행하지 않는 것이 없다." 이는 패도(霸道)의 정치가 인의(仁義)의 이름을 훔쳐 오로지 자신을 높이려고 하는 것과는 하늘과 땅처럼 다릅니다.❶

❶ 『근사록』「치본(治本)」편에 정명도의 다음과 같은 말이 나온다. "왕도 정치는 자기 몸을 닦고 백성을 사랑한다. 중국을 바로잡고 오랑캐를 물리친다. 마음을 성실하게 하여 `하늘의 바른 이치(天理)'를 행하지 않는 것이 없다. 그러나 패도 정치는 거짓으로 왕실을 높이고 거짓으로 오랑캐를 물리치고 거짓으로 재난을 구제하며 거짓으로 반역자를 토벌한다. 패도는 다만 명분만 빌려온다. 이로써 세상을 호령하여 스스로를 높일 뿐이다.(王者 修己愛民 正中國攘夷狄 無非以誠心而行乎天理 霸者 假尊王攘夷 救災討叛之名義 以號令天下而自尊大耳)"

그러나 신은 전하께서 머지않은 장래에 왕도의 교화를 펼칠 것으로 믿습니다. 이때에 이르러 과연 전하의 왕도가 이루어진다면, 신은 전하께서 온갖 잡일을 처리하는 천역(賤役)을 맡긴다 하더라도 마다하지 않을 것입니다. 보잘것없는 말몰이꾼 자리를 내린다 하더라도 기쁜 마음으로 받아들일 것입니다. 사마천(司馬遷)❷은 『사기』에서 이렇게 말한 적이 있습니다. "안영(晏嬰)❸이 지금 이 세상에 살아 있다면 내가 안영을 위해 말채찍을 잡는다 하더라도 흔쾌한 마음으로 모실 수 있을 것이다."❹ 전하께서 왕도의 길로 나아가는데, 신이 무슨 굴욕을 당한다 한들 하지 못할 것이 있겠습니까? 신은 심장을 도려내고 등골뼈를 쪼개서라도 신의 직분에 충실할 것입니다. 그러므로 어찌 전하 섬길 날이 없겠습니까?

❷ **사마천(司馬遷)** 기원전145?-기원전86? : 한(漢)나라 때의 역사가이다. 위대한 역사책으로 평가받는 『사기(史記)』를 집필했다. 인물의 전기를 중심으로 역사를 서술하는 기전체(紀傳體) 형식을 도입함으로써 역사에 사람의 뼈와 살을 붙였다. 역사를, 황제와 제후왕들이 사건을 일으키는 곳이 아니라 영웅과 현인들이 능동적으로 살아가는 곳으로 보았다. 스스로 사기의 집필 동기를 "하늘과 인간의 관계를 탐구함으로써 고금의 변화에 통달하고자 했다 (欲以究天人之際 通古今之變)"고 밝히고 있다. 흉노와 싸운 장수 이릉(李陵)을 변호하다가 황제의 노여움을 사 치욕스러운 궁형을 당했다. 천문과 도서를 담당하는 태사령(太史令)을 지냈고 스스로 태사공(太史公)이라고 불렀다. '역사의 성인(史聖)', '역사의 아버지(歷史之父)'라는 칭호를 가지고 있다. 자는 자장(子張)이다.

❸ **안영(晏嬰)** 기원전500년 사망 : 안자(晏子)라는 존칭으로 불린다. 춘추시대 제(齊)나라의 현명한 재상이다. 재상으로 있으면서 직언(直言)을 서슴지 않았으며 항상 의롭게 행동했다. 한 벌의 옷을 30년 동안이나 입을 정도로 검소하게 생활했다고 한다. 자는 중(仲), 시호(諡號)는 평(平)이다. 평중(平仲)이라고도 불린다.

❹ **말채찍을 잡는다(執鞭)**는 것은 말몰이꾼으로 그가 타는 수레를 끌고 싶을 만큼 그 덕을 흠모한다는 말이다. 사마천의 『사기』 「관안열전(管晏列傳)」에 다음과 같은 말이 나온다. "임금에게 간언할 때는 임금의 얼굴빛이 변하는 일 따위는 무시하고 신경 쓰지 않았다. 이것이 이른바 ˋ벼슬에 나아갔을 때는 나라에 충성을 다할 일을 생각하고 벼슬에서 물러났을 때는 나라의 허물을 보완하는 일을 생각한다ˊ는 것이다. 그러므로 만약 안영이 이 세상에 살아 있다면 나는 그를 위해 말채찍을 잡는다 하더라도 기쁜 마음으로 받들 것이다. (至其諫説 犯君之顔 此所謂 進思盡忠退思補過者哉 假令晏子而在 餘雖為之執鞭 所忻慕焉)"

송나라의 신하 주희는 황제에게 올린 상소에서 이렇게 말한 적이 있습니다. "임금의 마음이 바르면(心正) 세상의 일 중에 어떤 것도 바른 곳으로부터 나오지 않는 것이 없을 것입니다.

임금의 마음이 바르지 못하면 세상의 일 중에 어떤 것도 바른 곳으로부터 나올 수 없을 것입니다."❺ 주희의 이 말은 또한 신이 전하께 아뢰고 싶은 말입니다. 엎드려 다시 한번 전하께 바라옵니다. 전하께서는 반드시 마음을 바로잡는 정심(正心)으로 백성을 새롭게 하는 바탕을 삼으십시오. 그리고 자신을 닦는 수신(修身)으로 인재를 등용하는 원칙을 삼으십시오.

❺ 주희가 1188년 효종 황제에게 올린 「무신봉사(戊申封事)」에 이와 같은 말이 나온다. "一 (故人主之心正 則天下之事無一不出於正 人主之心不正 則天下之事無一得由於正)" (『주자봉사(朱子封事)』)

『서경(書經)』에서 "임금이 그 기둥을 세운다"고 한 것은 임금이 다스림의 도를 자신에게서 이루어서 이로써 백성의 기둥으로 세운다는 말입니다.❻ "자신을 닦는 수신(修身), 현명한 인재를 높이는 존현(尊賢), 부모를 사랑하는 친친(親親)"이야말로 가장 절실한 원칙입니다. "대신을 공경하고 여러 신하의 처지를 배려하고 백성을 자식처럼 여기는 일" 또한 더할 수 없이 중요합니다.❼ 백성의 기둥이란 바로 이와 같이 하는 사람을 일컫는 것입니다. 기둥이 기둥으로서 제자리에 서지 못하면 나라가 나라로서 제대로 설 수 없습니다. 이 기둥은 곧 백성을 떠받치는 기둥이며 하늘을 떠받치는 기둥입니다.❽

❻ 건기유극(建其有極)을 풀이한 것이다. 『서경』 「홍범(洪範)」편에 다음과 같은 말이 나온다. "임금의 기둥이란 임금이 그 기둥을 세운다는 것이다. 다섯 가지 복을 거두어 들여 그 평범한 백성에게 골고루 나누어 준다. (皇極 皇建其有極 斂時五福 用敷錫厥庶民)"
❼ 『중용』 「애공문정(哀公問政)」장의 주해에서 주희는 "임금이 그 기둥을 세운다"는 『서경』 「홍범」편의 말은 바로 구경(九經)과 같다고 풀

이한다. 주희가 말하는 구경은 다음과 같다. "세상과 나라를 다스리는, 아홉 가지의 큰 원칙이 있다. 자신을 닦는 수신, 현명한 인재를 높이는 존현, 부모를 사랑하는 친친, 대신을 공경하는 일, 여러 신하들을 자신의 몸처럼 여기는 일, 평범한 백성을 자식처럼 여기는 일, 기술자들의 의욕을 고취하는 일, 손님과 여행자를 친절하게 대하는 일, 제후를 품는 일 등이 이것이다. (凡爲天下國家 有九經曰 修身也 尊賢也 親親也 敬大臣也 體群臣也 子庶民也 來百工也 柔遠人也 懷諸侯也)"

❽ 갑골문에서 극(極) 자는 "큰 사람이 땅을 딛고 서서 하늘을 떠받치고 있는 (✦) 모습"으로 나타난다. 조식은 「웅얼웅얼 입 속에 담은 말(偶吟)」이라는 시에서 다음과 같이 읊었다. "높은 산이 큰 기둥과 같이 한쪽 하늘을 떠받치고 있다. 잠깐 동안이라도 기둥머리를 내려놓은 적이 없는데 또한 스스로 자연스럽지 않은 것이 없다. (高山如大柱 撑却一邊天 頃刻未嘗下 亦非不自然)"

삼가 바라옵니다. 부디 전하께서는 밝은 눈과 밝은 귀로 신의 상소를 살펴 주십시오. 신은 그지없이 절박하고 불안한 마음을 이길 수 없습니다.❾ 죽을죄를 범하며 아룁니다.❿

❾ "절박하고 불안한 마음을 이길 수 없다"는 말은 **불승운월병영지지(不勝隕越屛營之至)**를 풀이한 것이다. 이 말은 상소문의 말미에 관용적으로 쓰던 표현으로 "임금의 뜻을 거슬러 절박하고 불안하며 송구스럽다"는 뜻을 담고 있다. '이기지 못한다'는 의미의 불승(不勝) 대신 '감당하지 못한다'는 의미의 무임(無任)을 붙여 무임운월병영지지(無任隕越屛營之至)로도 자주 쓴다.

❿ 매사이문(昧死以聞)을 풀이한 것으로, 자신이 말이 부당하다면 죽음으로 사죄하겠다는 뜻을 담고 있다. 매사이문은 상소문의 말미에 관용적으로 쓰던 표현이다. 앞에 근(謹)자를 붙여 근매사이문(謹昧死以聞)이라고 자주 쓴다. 매사(昧死)라는 표현은 진(秦)나라 때 신하들이 글을 올릴 때 "외람되오나 죽을죄를 범하며 아룁니다 (昧犯死罪而言)"라고 썼던 것에서 나왔다.

일반적인
관행에 따라
풀이합니다!

축어(逐語) 번역
을묘사직소

어깨 위에 큰 산을
올려놓은 것처럼
두려워합니다

단성현감(丹城縣監)을 새로 제수받은 조식입니다. 단성현감은 종육품 품계의 선무랑(宣務郎) 관직이니, 신은 진실로 두려운 마음에 어찌할 바를 모르며 머리를 조아려 주상전하께 상소를 올립니다.

엎드려 지난 일을 돌이켜 생각해봅니다. 선왕께서는 신의 학문과 덕행이 실제로는 보잘것없다는 사실을 알지 못하고 신을 헌릉참봉(獻陵參奉)으로 삼고자 한 적이 있습니다. 전하 또한 왕위를 이어받은 이후 신에게 벼슬을 내렸습니다. 두 번씩이나 신을 주부(主簿)로 삼고자 한 것인데 전생서주부(典牲署主簿)와 예빈시주부(禮賓寺主簿)가 그것이었습니다.

그런데 지금 또다시 신을 단성현감에 제수했습니다. 이에 신은 마치 어깨에 큰 언덕이나 산을 짊어지기라도 한 것처럼 부들부들 떨면서 두려워합니다. 감히 '황색 옥(黃琮)이 한 자 넓이의 자리를 차지하고 있는 대궐'로 나아가지 못하는 것은 이런 까닭에서입니다. 날마다 내리쬐는 전하의 은혜에 사은숙배를 올리지 못하는 것은 또한 이런 까닭에서입니다.

二

벼슬에 나아가고
물러나는 출처(出處)는
신중해야 합니다

임금이 인재를 취하는 일은 우두머리 목수가 나무를 취하는 것과 같습니다. 높은 산 너머와 깊은 물 건너의 어느 곳이든 좋은 나무가 버려지지 않고 웅장한 집을 짓는 데 쓰이는 것은 우두머리 목수가 좋은 나무를 취해서 쓰기 때문입니다. 그리고 우두머리 목수가 이 나무를 쓰는 일은 나무가 간섭할 수 없습니다. 전하께서 인재를 쓰는 일은 나라를 가진 임금으로서의 책임 때문입니다. 그리고 이 책임은 신이 위임받아 걱정할 수 있는 일이 아닙니다.

그러므로 신은 감히 전하의 큰 은덕을 사사롭게 가지지 못합니다. 또한 지금은 아첨하는 소인배들이 추악한 돼지와도 같이 올바르지 못한 마음으로 군자를 해치려 하는 때입니다. 이런 때라면 더욱 벼슬에 나아가기를 어렵게 여겨야 합니다. 그리고 이러한 신의 뜻을 전하의 측석(側席) 아래에 감히 전달하지 않을 수 없습니다.

신이 벼슬에 나아가기 어려워하는 것은 크게 두 가지 이유에서입니다.

신은 물 뿌리고 비질하는
쇄소(灑掃)의 일도 제대로
해내지 못합니다

지금 신은 나이가 예순에 가깝습니다. 그렇지만 신의 학문은 아직까지도 엉성하고 어둡기만 합니다. 문장 능력은 문과 전시(殿試)의 병과(丙科)에 이름을 올리기에도 부족합니다. 그렇다고 신을 덕행이 있는 사람이라고 할 수도 없습니다. 신은 물 뿌리고 비질하는 쇄소(灑掃)의 일조차 제대로 해내지 못합니다.

신은 10여 년 동안 여러 차례 시험장(科場)에 나아갔지만, 그때마다 시험관들로부터 인정을 받지 못했습니다. 세 번 옥돌을 바쳤으나 발목을 잘렸다는 삼월(三刖)의 옛 이야기가 바로 신의 이야기와 같습니다. 그러므로 신이 처음부터 과거를 일삼지 않은 사람이라고 할 수도 없습니다. 설령 어떤 이가 과거 공부를 달갑게 여기지 않는다고 해서 이 사람이 곧 백성을 위해 몸과 마음을 다하려는 자라고 할 수는 없습니다. 이 사람은 십상팔구 자신의 주장이 받아들여지지 않는다 하여 발끈 화를 내는, 용렬한 졸장부(拙丈夫)에 지나지 않을 것입니다. 곧 나라를 위해 큰일을 할 만한 온전한 인재는 아니라는 것입니다. 더군다나 사람됨의 선(善)함과 악(惡)함은 결코 과거에 합격하기를 바라느냐 그렇지 않느냐에 달려 있는 것이 아닙니다.

보잘것없는 신이 명성을 도둑질한(盜名) 것입니다. 이조의 관원들을 속인 것입니다. 신에게 속은 이조의 관원들이 전하로 하여금 신이 훌륭한 인물이라고 잘못 판단하도록 한 것입니다.

헛이름을 바치고
벼슬을 받는 일은
매관(買官)보다 못합니다

전하께서는 과연 신을 어떤 사람이라고 생각하십니까? 올바른 도를 간직한 유도지사(有道之士)라고 생각하십니까? 글솜씨가 좋은 문사(文士)라고 생각하십니까? 글솜씨가 좋은 자가 반드시 우리 유학의 올바른 도를 터득해 간직하고 있는 것은 아닙니다. 올바른 도를 간직한 유도지사라면 필시 신과 같지는 않을 것입니다.

이는 전하께서만 알지 못하는 것이 아닙니다. 재상(宰相)들 또한 알지 못하고 있습니다. 그 사람됨을 알지 못하고 등용하면 머지않아 나라 전체가 수치스러워질 것입니다. 그렇다면 어떻게 그 죄가 이 보잘것없는 신에게만 있겠습니까? 헛이름을 바치고 벼슬을 받는 일은 자신을 파는 것이나 다름없습니다. 이는 실상 있는 곡식을 바치고 벼슬을 사는 매관(買官)보다도 못한 일입니다. 어찌 같을 수 있겠습니까? 그러므로 신은 차라리 제 자신을 배신할지라도 차마 전하를 배신하지는 못합니다.

이것이 신이 벼슬에 나아가기를 어려워하는 첫 번째 이유입니다.

五

거센 회오리바람이 언제 불어올지 알 수 없습니다

지금 전하의 나랏일은 매우 잘못되고 있습니다. 나라의 근본인 우리 백성의 삶은 이미 엉망진창입니다. 하늘의 뜻 또한 전하를 떠났습니다. 백성의 마음은 천지사방으로 흩어지고 있습니다.

지금의 우리나라를 한 그루의 큰 나무에 비유해 보면 이렇습니다. 오랜 시간 동안 온갖 벌레가 단단한 심재(心材)까지 갉아 먹었는데 이를 치유할 진액은 이미 다 말라 버렸습니다. 거센 회오리바람과 폭우가 어느 때에 몰려올지 알지 못합니다. 어제 오늘의 일이 아니라 아주 오래 전부터의 일입니다. 그런데도 망연자실(茫然自失), 정신을 차리지 못하고 있습니다.

조정에 있는 이들 중에는 충성스러운 뜻을 가진 신하가 없지 않습니다. 이들은 이른 아침부터 밤늦게까지 부지런히 일합니다. 그러나 이들도 이미 알고 있는 것은 이 아슬아슬한 형세가 극에 달했다는 점입니다. 사방을 둘러보아도 더 이상 손쓸 곳이 없습니다. 낮은 벼슬아치들은 아래에서 시시덕거리면서 술과 여색(女色)에 빠져 있습니다. 그런데도 높은 벼슬아치들은 윗자리에서 빈둥거리면서 자신의 재산 불리기에 여념이 없습니다.

물고기는 썩을 때 뱃속부터 썩는 법입니다. 지금 우리나라 또한 이 뱃속이 썩은 물고기와 같습니다. 그런데도 누구 하나 이를 주관하여 바로잡으려 하지 않습니다. 대궐 안 벼슬아치들은 자신의 은밀한 뒷배를 끌어들이고자 잔혹한 쟁투를 벌입니다. 용이 호랑이의 목을 치는 것과 같은 칼잡이의 자세로 상대방을 겨눕니다. 각 고을에 나가 있는 수령들은 야비한 승냥이떼와도 같이 백성의 살가죽을 벗겨 냅니다. 이들은 가죽이 남아 있지 않다면 털이 또한 붙어 있을 곳이 없다는 사실을 알지 못합니다.

신이 오래도록 생각하고 깊이 탄식하는 것은 이런 까닭에서입니다. 신은 낮에 하늘을 바라보다가 한숨을 몰아쉰 날들이 셈조차 할 수 없을 만큼 많습니다. 밤에 천장을 바라보며 흐느끼다가 쾅쾅, 가슴을 친 날들 또한 헤아릴 수 없을 정도입니다.

비록 대왕대비께서는 성실하고 뜻이 깊다고 해도, 문이 겹겹이 달린 궁궐에서만 살아와 세상 물정을 알지 못하는 과부(寡婦)에 지나지 않습니다. 또한 전하께서는 임금의 책무를 알지 못하는 어린아이일 뿐이니, 다만 돌아가신 선왕의 외로운 자식에 지나지 않습니다. 그렇다면 백 가지 천 가지로 내리는 하늘의 재앙을 무엇으로 당해낼 수 있겠습니까? 억만(億萬) 갈래로 흩어진 민심을 어떻게 수습할 수 있겠습니까?

냇물이 끊기고 낱알
비가 내리는 일은
그 조짐이 무엇이겠습니까?

냇물이 끊기고 낱알 비(雨穀)가 내리는 일은 그 조짐이 무엇이겠습니까? 백성이 부르는 노랫소리가 점점 애절해지고 있습니다. 고을마다 흰색 옷을 입은 이들이 날이 갈수록 늘어나고 있습니다. 이는 하늘의 재앙이 이미 분명하게 그 형상을 보여주고 있는 것입니다.

이와 같은 때라면 옛날 주(周)나라의 명재상인 주공(周公)과 소공(召公)의 능력을 함께 갖춘 이가 나라를 움직이는 '물레와 굴대(鈞軸)'의 자리에 있다 하더라도 어찌할 방법을 찾기 힘들 것입니다. 재주가 지푸라기처럼 보잘것없는 신과 같은 자라면, 하물며 열 명이 있다 한들 무슨 방법이 있겠습니까? 신은 위로는 만 가지 중 한 가지라도 나라의 위태로운 사태를 붙잡아 일으켜 세울 비책을 가지고 있지 못합니다. 아래로는 털끝만큼이라도 백성을 감싸줄 수 있는 능력을 가지고 있지 못합니다. 그렇다면 전하의 신하로 일하기에는 곤란하지 않겠습니까?

그런데 지금 우리나라에는 능력도 없는 자들이 간장종지만한 명성을 팔아 마치 노름판에서 판돈을 탐내 듯 전하의 녹봉을 노리고 있습니다. 헛이름을 팔아서 녹봉을 얻기만 하고 마땅히 해야 할 일을 하지 못한다면 이는 또한 신이 원하는 바가 아닙니다.

신이 벼슬하러 나가기 어려워하는 두 번째 이유는 바로 이것입니다.

八

전라도 남해안에서
일어난 달량포왜변은
갑작스러운 변고가 아닙니다

신은 또, 요즈음 시름겨워하는 일에 대해 감히 더 아뢰고자 합니다. 지난 봄(1555년 5월) 왜구가 우리나라 남해안 일대를 침탈하는 달량포왜변(達梁浦倭變)이 일어났습니다. 이에 요직의 벼슬아치들이 해가 진 뒤에야 저녁밥을 먹을 정도로 황급하게 움직였습니다.

그러나 신은 이처럼 소란스러운 상황이 조금도 놀랍지 않았습니다. 이와 같은 일은 이미 20년 전에도 일어날 가능성이 있었습니다. 그런데 전하께서 '공격하지 않는 신묘한 무력(神武)'으로 친화 정책을 펼친 탓에 지금에 이르러 이런 일이 실제로 일어나고 말았습니다. 왜구의 침탈은 하루아침에 갑자기 생겨난 변고라고 할 수 없습니다.

이와 같은 일이 일어난 가장 근본적인 원인은 우리 조정이 평소에 재물을 받고 사람을 쓰는 데 있습니다. 재물을 모으면 백성이 흩어지고 재물을 나누면 백성이 모이는 법입니다. 결국에는 우리 장수 가운데 지략과 용맹을 갖춘 자가 없었습니다. 또한 성안에는 싸울 군졸조차 남아 있지 않았습니다. 그래서 왜구가 아무 거칠 것 없이 무인지경(無人之境)으로 들어오듯 했습니다. 그렇다면 이것이 어떻게 괴이한 일이라고 할 수 있겠습니까?

우리는 세종대왕 때
대마도를 정벌했던
나라입니다

이번 왜구의 침탈에서는 또한 대마도(對馬島) 왜인들이 몰래 결탁하여 앞잡이 노릇을 했습니다. 이는 앞으로도 오랫동안 씻지 못할 나라의 큰 치욕입니다. 그런데도 전하께서는 강력한 힘을 떨쳐 보여주지 못했습니다. 오히려 짐승이 뿔을 땅에 대듯 굴복하고 말았으니, 이것이 무슨 일이란 말입니까?

나라를 위해 오랫동안 일해 온 신하들을, 주나라의 예법보다 엄격한 원칙을 적용해 처벌했습니다. 그렇지만 원수와도 같은 대마도 왜인들에게는 오히려 너그럽게 대해 주었으니, 그 총애가 '춘추시대 송(宋)나라의 양왕(襄王)이 보여주었던 인(仁)'보다 한 수 위라고 할 수 있습니다. 우리나라는 세종대왕 때(1419년) 대마도를 정벌한 바 있습니다. 또 성종대왕 때(1491년)는 북벌(北伐)에 나서 여진족을 물리친 바 있습니다. 그렇다면 지금에 이르러 이와 같은 일이 벌어진 것은 도대체 무슨 까닭에서입니까?

그러나 이러한 일들은 아직 피부에 생겨난 병에 불과합니다. 가슴과 배에 숨어 있는 치명적인 병은 아니라는 것입니다.

전하가 좋아하여
따르고자 하는 일은 도대체
무엇입니까?

가슴과 배의 병은 열이 쌓이면서 체증이 생기거나(痞結) 기혈이 한곳에 몰려 막히는(衝塞) 병입니다. 이런 병이 생기면 위와 아래가 통하지 않습니다. 요직의 벼슬아치들이 입술이 까맣게 타들어가고 목이 심하게 마르는 것은 이처럼 위와 아래가 끊어져 있기 때문입니다. 장수는 말을 타고 군졸은 달음박질쳐서 이리저리 분주하게 달려가야 하는 것도 마찬가지입니다.

흩어진 백성을 불러 모으는 일은 떳떳하지 못한 법과 명령에 있는 것이 아닙니다. 백성으로 하여금 임금에게 몸과 마음을 다해 헌신하도록 하는 것은 자질구레한 형벌과 강압에 있는 것이 아닙니다. 백성으로 하여금 나랏일에 힘쓰도록 하는 일은 오직 전하의 마음에 달려 있습니다. 전하께서 사방 한 치의 마음속에서 한혈마(汗血馬)를 달려 사악함과 싸운다면 만 마리의 소가 갈아엎을 만큼 넓은 땅에서 공적을 거둘 수 있습니다. 그리고 그 기틀은 자기 자신에게 달려 있을 뿐입니다.

신은 도무지 알지 못하겠습니다. 지금 전하께서 전심전력을 다하고자 하는 일은 무슨 일입니까? 전하께서는 학문을 좋아하십니까? 음주가무(飮酒歌舞)와 여색을 좋아하십니까? 활쏘기와 말타기를 좋아하십니까? 전하께서는 의로운 군자를 좋아하십니까, 탐욕스러운 소인을 좋아하십니까? 전하께서 좋아하는 것이 무엇이냐에 나라의 존망(存亡)이 달려 있습니다.

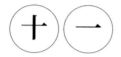

삼감(敬)으로써 분연히
떨쳐 일어나 학문에 힘을
쏟아야 합니다

진실로 전하께서는 할 수 있습니다. 하루를 끝마칠 때까지 무엇인가를 두려워하는 자세로 스스로를 경계할 수 있습니다. 무엇인가를 두려워한다는 것은 곧 자신을 삼간다(敬)는 말입니다. 전하께서는 삼감으로써 분연히 떨쳐 일어나 학문(學問)에 힘을 쏟을 수 있습니다.

이렇게 한다면 어느 순간 자신의 밝은 덕을 밝히고 백성을 새롭게 하는 '대학의 도(大學之道)'에 대해 터득하는 바가 있을 것입니다. 밝은 덕을 밝히고 백성을 새롭게 하는 대학의 도란 우리 유학에서 말하는 정치의 가장 기본적인 원칙입니다. 곧 여기에 온갖 선이 갖추어져 있고 여기에서 백성을 가르치고 기르는 교화(敎化)가 나오는 것입니다.

그러므로 이것을 들어서 시행한다면 전하께서는 백성에게 혜택이 돌아가도록 할 수 있습니다. 나라는 균등하게 다스려질 것이고 백성은 평화로울 것입니다. 위기가 닥쳐도 이를 편안하게 이겨낼 것입니다. 전하께서는 또한 실타래를 묶듯이 단단히 묶어서 이것을 간직할 수 있습니다. 이렇게 한다면 마음이 사물을 비추기 전의 거울처럼 비어 있지 않음이 없을 것이고, 행동이 무게를 재기 전의 저울처럼 고르지 않음이 없을 것입니다. 또한 생각에 간사함이 없을 것입니다.

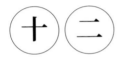

딛고 설 발판이 없으므로
우리 유가에서는
불가를 배우지 않습니다

불가(佛家)에서 말하는 진정(眞定)은 마음을 가라앉혀 가만히 멈추어 있는 것입니다. 그렇다면 이 진정이라는 것 또한 마음을 간직하는 존심(存心)에 있을 뿐입니다.

위로 하늘의 이치를 통달하는 일에 있어서는 유가와 불가가 다른 부분이 없습니다. 다만 이를 사람의 일에 적용할 때는 불가의 경우 딛고 올라설 발판이 없다는 점이 다릅니다. 그래서 우리 유가에서는 불가의 말을 배우지 않습니다.

그런데 전하께서는 이미 불가를 몹시도 좋아하고 있습니다. 그렇다면 이 마음을, 사람의 일을 배우고 묻는 데로 향하도록 옮겨 놓아야 합니다. 이렇게 한다면 전하께서 배우고 묻는 것이 곧 우리 유가의 것이 될 것입니다. 이는 마치 어려서 집을 잃고 떠돌아다니던 아이가 그 집을 다시 찾는 일과 같습니다. 이로써 부모와 형제와 친척, 그리고 옛 벗들을 다시 만나는 일과 같습니다. 어찌 다르다고 할 수 있겠습니까?

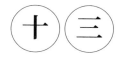

자신을 닦는 것으로
현명한 인재를 뽑아야
나라를 다스릴 수 있습니다

더군다나 나라를 다스리는 일은 곧 인재를 쓰는 데 있습니다. 그리고 인재를 취하여 쓸 때는 자신을 닦는 것으로 해야 합니다. 자신을 닦을 때는 도(道)로 해야 합니다.

전하께서 만약 자신을 닦는 것으로 인재를 취한다면 전하의 유악(帷幄) 안에는 충심을 다해 임금을 섬기고 이로써 사직을 지킬 만한 인재들이 가득할 것입니다. 그런데 어찌하여 신과 같이 식견이 부족한 자를 용납하려는 것입니까?

만약 눈으로 겉모양만을 살펴 인재를 취한다면 전하의 옷섶 아래에는 서로를 기만하고 전하를 배신하는 무뢰한들이 들끓을 것입니다. 상황이 이렇다면 또한 으르르딱딱 돌 부딪히는 소리를 더하며 고집이나 피울 줄 아는 소신이 또 무엇에 필요하겠습니까?

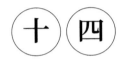

절박한 마음으로,
죽을죄를 범하며 아룁니다

머지않은 장래에 전하께서는 왕도의 교화를 펼칠 것입니다. 과연 전하의 왕도가 이루어진다면, 신은 전하께서 보잘것없는 말몰이꾼 자리를 내린다 하더라도 기쁜 마음으로 받아들일 것입니다. 신은 심장을 도려내고 등골뼈를 쪼개서라도 신의 직분에 충실할 것입니다. 그러므로 어찌 전하 섬길 날이 없겠습니까?

엎드려 다시 한번 전하께 바라옵니다. 전하께서는 반드시 마음을 바로잡는 정심(正心)으로 백성을 새롭게 하는 바탕을 삼으십시오. 그리고 자신을 닦는 수신(修身)으로 인재를 등용하는 원칙을 삼으십시오. 이로써 다스림의 도를 자신에게서 이루어서 백성의 기둥으로 세워야 합니다. 기둥이 기둥으로서 제 자리에 서지 못하면 나라가 나라로서 제대로 설 수 없습니다.

삼가 바라옵니다. 부디 전하께서는 밝은 눈과 밝은 귀로 신의 상소를 살펴 주십시오. 신은 그지없이 절박하고 불안한 마음을 이길 수 없습니다. 신은 죽을죄를 범하며 아룁니다.

조선의 유학자, 조식(曺植)

1500년대 경상도 일대의 산림에 머물며 학문에 몰두한 유학자이다. 성리학 이론보다는 실천을 무엇보다도 중요하게 생각했다. 이황과 같은 시대를 살았는데, 당대의 학문적 위상이나 이후의 역사에 미친 영향은 이황 이상이었다.

여남은 번 이상 벼슬을 제수 받았지만 단 한번도 벼슬에 나아가지 않았다. 간신들이 권력을 잡고 얼토당토않은 정치를 펼치는 때에 벼슬할 수는 없다고 생각했기 때문이다. 그러나 백성의 고통을 외면할 수는 없었다. 이에 상소를 올려 조정의 정치를 정면으로 추궁했다. 1555년 을묘년에 명종에게 올린 「을묘사직소」에서는 "전하의 나랏일은 이미 잘못되었다"고 썼다. 이로써 유학자의 마땅함이 무엇인지를 밝히고 올바른 유학자의 전형을 세웠다.

1501년 경상도 삼가현(현재 합천군 삼가면)의 외가에서 태어났고, 1572년 진주목 덕산동(현재 산청군 시천면)의 산천재(山天齋)에서 일생을 마쳤다. 자는 건중(楗仲), 호는 남명(南冥)이다. 제자들이 그의 글을 모아 묶은 『남명집』을 통해 그의 삶과 학문을 접할 수 있다.

조선을 움직인 한 편의 상소,

을묘사직소
乙卯辭職疏

1판 1쇄	2023년 3월 1일
1판 2쇄	2023년 4월 5일

주해하여 옮김	이상영

발행인	이지순
편집	이상영, 이남우
디자인	Bestseller Banana
교정	한바다
마케팅&관리	최성임

발행처	뜻있는도서출판
주소	경상남도 창원시 성산구 중앙대로228번길 6 센트랄빌딩 3층
전화	055-282-1457
팩스	055-283-1457
전자메일	ez9305@daum.net
등록	567-2020-000007호

ISBN 979-11-971175-3-4

정가 10,000원

史臣曰
世衰矣道微矣
廉恥頓喪氣節掃如
托名遺逸
擬賭功名者
固多其人矣
賢哉植也

**훗날 『명종실록』 사관은
이렇게 말합니다**

조식이 「을묘사직소」를
올린 것은 세상의 도가
쇠퇴했을 때입니다.
청렴한 자와 부끄러움을
아는 자가 없어지고 굳센
기개를 가진 자 또한
빗자루로 쓸어버리기라도
한 듯 사라졌을 때입니다.
학문과 덕행을 갖춘 선비를
사칭하여 노름판에서
판돈을 탐내듯 공적과
명예를 얻으려는 자가
진실로 많았습니다.
그런데도 조식은 이와 같지
않았습니다. 오ㅡ, 조식은
현명하였습니다.

- 『명종실록』명종10년(1555년)
  11월 19일 사필 중에서